# キリスト者から見る〈天皇の代替わり〉

「教会と政治」フォーラム【編】

いのちのことば社

# はじめに

四月三〇日の天皇退位、五月一日の新天皇即位が近づく中、本書を皆さんのお手元にお届けできることを感謝します。

本書は、二〇一七年三月に発足した「教会と政治」フォーラムの世話人、呼びかけ人を務める者たちによる講演集です。

同フォーラムは「日本における国家や政治と教会の関わりを、聖書と神学の視点から研究する」、「現在の日本の状況を踏まえ、教会がこの時代に担うべき神学的課題として整理する」、そして「整理された神学的課題を広く一般に提供する」ことを主たる目的として、二〇一七年三月に発足して以来、二か月に一度の研究会、年に数回の講演会を開催してまいりました。特に昨年は天皇代替わりに関する発題と討議が続き、今年に入ると、著者たちの多くが各地の二・一一集会などに招かれて、天皇代替わりを主題とした講演をする機会が続きました。

そのような中から、二〇一九年四月末を前に「天皇代替わり」に焦点を絞った講演集の出版の企画が立てられ、今回の出版に至った次第です。
以下、各章の概要を記します。

第一章（山口陽一）は、本書の基調をなすもので、まずはこの講演からお読みいただくことで、古代から近代、特に明治期と戦後の天皇制の概略と、それに対する日本のキリスト者の信仰的・神学的な問題提起を読み取っていただけると思います。

第二章（城倉啓）は、聖書神学的な視点から天皇制の問題を指摘し、明治憲法と現行憲法の天皇制を巡る連続性に注目し、さらに今後の政治制度のあり方について具体的なアイデアが示されています。

第三章（柴田智悦）は、天皇代替わりに関わる一連の行事・儀式について詳しく解説し、そこに込められた問題性を政教分離原則の面と信仰の面から指摘するものです。そこで一体何が行われ、何が問題とされるのかを整理するのに役立つことでしょう。

第四章（朝岡勝）は、天皇代替わりとともに行われる改元に注目し、元号制度の歴史を概観し、そこにあらわれる天皇の時間支配・歴史支配の問題を、キリスト者の歴史観の視点から批評しています。

第五章（星出卓也）は、皇室の神社である伊勢神宮の歴史を取り上げ、天皇制と神道との深い結びつきと、近年、ますます顕著になっている国家と伊勢神宮の接近の問題性を指摘しています。

第六章（弓矢健児）は、あらためて天皇制と天皇代替わりに関わる問題の全体像を描き出すもので、本書のまとめの意味を持っています。

ぜひ、個人で、教会でお読みいただき、この国で主の証しを立てて生きるために避けて通ることのできない、天皇制という大きなテーマについて考えるきっかけとして用いていただければ幸いです。

最後になりましたが、いのちのことば社出版部と編集の米本円香さんに大変お世話になりました。記して感謝します。

主の二〇一九年三月

朝岡　勝

# 目次

はじめに　3

キリスト教と天皇制――天皇の代替わりに備えて　山口陽一……10

はじめに　10

一　古代から前近代の天皇――宗教性及び政権との関係　12

二　大日本帝国の天皇――疑似宗教としての天皇制　14

三　大正、昭和の天皇の代替わり　18

四　教会の罪責と天皇制　20

五　日本国の天皇――民主主義日本の国民統合の象徴　24

六　日本国憲法下の即位礼と大嘗祭　27
七　天皇と天皇制の神学的検討　29
八　明仁天皇の生前退位とこれからの天皇制　32
　おわりに　35

**聖書・憲法・天皇制**　城倉啓　41
一　聖書から見た天皇制　41
二　日本国憲法から見た天皇制　49
三　まとめ　64

**天皇の生前退位**　柴田智悦　71
Ⅰ　天皇の代替わり儀式　71
Ⅱ　即位の礼　73
Ⅲ　問題点　80

元号問題とキリスト者の歴史観　朝岡勝……99
はじめに　99
一　天皇代替わりを取り巻く空気感　100
二　天皇代替わりと改元　101
三　一世一元制への移行　104
四　敗戦と元号　106
五　元号法制化への過程　107
六　天皇制の歴史支配の諸相　110
七　キリスト者の歴史観　113
八　元号問題と日本の教会　117
おわりに　121
伊勢神宮と政教分離　星出卓也……127

序　伊勢神宮から政教分離を見る　127
Ⅰ　明治維新後の伊勢神宮　128
Ⅱ　神道指令と伊勢神宮　138
Ⅲ　二〇一三年第六二回式年遷宮以降の伊勢神宮　150
おわりに　153

## 私たちの信教の自由
### ――天皇代替わりに対して私たちはどのように向き合うか　弓矢健児……156

はじめに　156
一　天皇代替わりの問題が信教の自由の問題である理由　157
二　天皇制と天皇をどのように考えるのか　160
三　教会として天皇制にどう向き合うのか　175

# キリスト教と天皇制——天皇の代替わりに備えて

東京基督教大学学長　山口陽一

## はじめに

象徴天皇制民主主義は矛盾含みです。日本国憲法第一条「天皇は、日本国の象徴であり日本国民統合の象徴であつて、この地位は、主権の存する日本国民の総意に基く」は、象徴という天皇の地位と国民主権を併記しています。つまり、主権は国民にあるが、象徴天皇制という遺制的な「君主制」でもあるということです。皇居には、宮殿の奥に宮中三殿（賢所《かしこどころ》・神殿・皇霊殿《こうれいでん》）と新嘗祭《にいなめさい》を行う神嘉殿《しんかでん》があり、天皇が行う大祭だけでも原始祭《げんしさい》、昭和天皇祭、春季皇霊祭、神武《じんむ》天皇祭、秋季皇霊祭、神嘗祭《かんなめさい》、新嘗祭があります。

ゆえに天皇は、私的には「祀る神であり祀られる神」としての宗教的権威であり、ローマ人への手紙一三章の「上に立つ権威」ではなく、憲法六、七条が定める任命と十の国事行為以外[*1]の越権行為がありすぎるという判断があるのも当然です。[*2]

一方近年では、日本と日本の教会の戦争責任を問う取り組みを「自虐史観」「反日左翼の宗教」と呼び、「日本の歴史や伝統の中には、神の恵みによる良きもの、そして日本人を神に立ち返らせるための『贖いの賜物』（贖われ救われるための賜物）が、たくさん含まれていまず」とするような言説も見られます。[*3] これは、戦時中の日本的キリスト教の再来のような考え方であり、前者はこれを明確に悔い改める立場です。

私は、憲法九九条「天皇又は摂政及び国務大臣、国会議員、裁判官その他の公務員は、この憲法を尊重し擁護する義務を負ふ」により、天皇を「日本国の象徴であり日本国民統合の象徴」という特殊な職務を担う公務員として、「上に立つ権威」の一つと考え、越権に対しては「主権者としての政治参加」および「祈りと抵抗権に基づく不服従」で対応すべきと考えています。

天皇および天皇制は、日本宣教の大きな課題でもあります。「わたしは、あなたがたをエジプトの地、奴隷の家から導き出したあなたの神、主である」（出エジプト二〇・二）と言われる主の前で、キリストの福音に生き、神のみを礼拝し、キリストの教会を建て上げようとするとき、天皇および天皇制に向き合わざるを得ません。天皇が何であるかを考察することを通して、福音とは何であり、キリストにある自由とは何であるか、またキリストの教会が日本にどのように貢献するかを考えたいと思います。まず、天皇制の歴史を概観してみましょう。

## 一　古代から前近代の天皇――宗教性及び政権との関係

　律令国家の王の称号として「天皇」を用いたのは天武《てんむ》（大海人皇子《おおあまのおうじ》、在位六七三～六八六年）が最初とされます。これが四〇代、現在の天皇が一二五代（百二十三人、北朝を加えると百二十八人）とされますが、神話の天皇はほぼ実在しないので[*4]「代」は虚構であり、後述するように「万世一系」神話は明治の産物です。二五代武烈《ぶれつ》には皇嗣《こうし》（世継ぎ）がなく、応神《おうじん》五世の孫を越前から迎え、継体《けいたい》天皇とするなど、神話レベルですでに「一系」ではありません。四六代孝謙《こうけん》から淳仁《じゅんにん》は六親等、四八代称徳《しょうとく》（孝謙と同一人物）から光仁《こうにん》は七親等、南北朝時代の南朝・九九代後亀山《ごかめやま》から北朝・後小松《ごこまつ》は十二親等であって実に緩い皇統連綿です。

　歴史学的に見て、古墳時代の天皇陵三十一基のうち、現在の治定と被葬者が合致しているのは天智《てんぢ》天皇陵と天武・持統《じとう》天皇の合葬陵の二基だけと言われます。そもそも天皇権威は神話なのだから歴史性など問わない、と開き直る立場もあるようですが、ここでは歴史学的に実証されたものではないことを申し上げておきたいと思います。

六四五年に蘇我氏が滅ぼされ、「大化の改新」が始まり、元号「大化」や国号「日本」が用いられるようになります。天武天皇は、壬申《じんしん》の乱（六七二年）で兄の天智天皇の子である大友皇子を滅ぼし、有力豪族を排除して軍事、外交、賜姓《しせい》・位階授与、天神地祇への祭祀を司る王となりました。そして『古事記』（七一二年）、『日本書紀』（七二〇年）による天皇権威の創出が図られたのです。天皇は中国の天命思想に基づく権威と異なり、血統により即位して三種の神器を継承し、大嘗祭《だいじょうさい》（即位後の新嘗祭、天皇神格化の儀式）により皇位を継承する。ここが中国の天帝や易姓革命の思想と異なるところです。

平安後期の院政期（一〇八六～一一八五年）、天皇は政治の実権を失い、鎌倉時代（一一八五～一三三三年）には武家が政治の実権を握りました。冷泉《れいぜい》（在位九六七～九六九年）から、後桃園《ごももぞの》（在位一七七〇～一七七九年）まで、安徳《あんとく》天皇を例外として、天皇号は正式には用いられず「院」と呼ばれていましたが、明治維新後「天皇」に統一されました。

この間、天皇の権威は失墜し、天皇陵は荒れ、一四六六年の八三代土御門《つちみかど》天皇を最後に、一六八七年の一一三代東山《ひがしやま》天皇のとき、復興されるまで大嘗祭も途絶していました。キリシタン宣教はちょうどこの間になされます。天皇と公家は反キリシタンであり、これら旧勢力の排除をめざす織豊政権は親キリシタンでした。

しかし、中央集権確立期の伴天連《バテレン》追放令（一五八七年）以後、「神国思想」（自国を神仏の国とする思想）を大義名分にキリシタンは排除されます。豊臣政権は後陽成天皇《ごようぜい》（在位一五八六～一六一一年）の聚楽第行幸《じゅらくだいぎょうこう》を演出して天皇の政治利用を図りましたが、徳川政権は「禁中並公家諸法度《きんちゅうならびにくげしょはっと》」で、天皇に学問・和歌・有職故実《ゆうそくこじつ》（朝廷や武家の儀式や習慣を研究する学問）を求め、政治的な行幸を禁じて禁裏（御所《ごしょ》）内に留め、政治的無力化を旨としました。推古天皇の時代の仏教受容に始まり、歴代の多くの天皇が仏教に帰依しています。江戸時代の皇室の菩提寺は、京都の真言宗泉涌寺《せんにゅうじ》でした。しかし、儒教、国学や復古神道による仏教排斥の動きがあり、明治の廃仏毀釈《はいぶつきしゃく》を迎えることになりました。

## 二　大日本帝国の天皇――疑似宗教としての天皇制

明治政府は欧米列強の帝国主義的侵略に抗し、天皇親政を掲げる中央集権国家を樹立しました。欧米列強に倣って富国強兵を推進する政府は、天皇を「機軸」[*5]とする祭政一致の「近代国家」をめざし、孝明《こうめい》天皇（一二一代・在位一八四六～一八六七年）から睦仁《むつひと》天皇への代替わりにおいて新しい天皇制を創出します。天皇神話を再構築し、国民国家の統合軸としたもので、「天皇教」とも称し得るものです。

慶応二年一二月二五日（一八六七年一月三〇日）、孝明天皇が亡くなり、一四歳の睦仁天皇が即位（践祚《せんそ》〔天皇の位を受け継ぐこと〕の儀）して明治天皇となります。禁裏を出た天皇は全国を行幸し、岩倉具視は慶応三年一〇月の「王政復古議」において「皇家ハ連綿トシテ万世一系礼楽征伐朝廷ヨリ出テ候所純正淳朴ノ御美政万国ニ冠絶タリ」とし、ここに「万世一系」の語が初めて用いられました。[*6] ここから新たな天皇像がつくり始められます。

慶応三年一二月九日（一八六八年一月三日）、討幕を果たした薩長藩閥の新政府は、天皇を擁立して神祇官《じんぎ》を復興し、「王政復古の大号令」で天皇親政を打ち出し、自らの正統性の根拠としました。孝明天皇時代には弘化《こうか》・嘉永《かえい》・安政《あんせい》・万延《まんえん》・文久《ぶんきゅう》・元治《げんじ》・慶応《けいおう》と七回も改元しましたが、徳川幕府末期の不安定を一新するように、慶応四年九月八日、明治と改元して一世一元とし、やがて「天皇の治世」を演出します。六四五年の大化から平成まで二百四十七回の改元がありましたが、「革易旧制一世一元以爲永式」（旧制を改めて天皇一代につき元号を一つとする）としたのです。また、一八七二年一一月に太陽暦を採用するとともに皇紀を定め、一八七三年を皇紀二五三三年としました。

王政復古で開化政策を進めるという矛盾は、一方で天皇親政運動、他方で自由民権運動というかたちで現れ、大日本帝国憲法（一八八九年）は立憲君主制でこれをまとめました。

**第一条**　「大日本帝国ハ万世一系ノ天皇之ヲ統治ス」

**第三条**　「天皇ハ神聖ニシテ侵スヘカラス」
**第四条**　「天皇ハ国ノ元首ニシテ統治権ヲ総攬シ此ノ憲法ノ条規ニ依リ之ヲ行フ」

第一、三条の神聖天皇の統治という「復古」を、四条の立憲主義という「開化」で制限する仕組みです。「御一新」当初の祭政一致をめざす神道国教化、大教宣布運動は頓挫し、制限付き「信仰の自由」が与えられました。

**第二八条**　「日本臣民ハ安寧秩序ヲ妨ケス及臣民タルノ義務ニ背カサル限ニ於テ信教ノ自由ヲ有ス」

このとき、復古派の元田永孚《もとだながざね》は「国教及ヒ民事政治ニ妨害ヲナスハ之ヲ禁ス」と、「国教」を提案しましたが、これは退けられて二八条となりました。「国教」という表現は避けられましたが、「教育勅語」（一八九〇年）は「天皇教」の教義として、「一旦緩急アレハ義勇公ニ奉シ以テ天壌無窮ノ皇運ヲ扶翼スヘシ」と「臣民」の生き方を示しました。

横田耕一は、「私たちが現在抱く天皇像のほとんどは、大日本帝国時代に形成された疑似宗教である『天皇教』である」と言います。[*7]「天皇教」は「神ながらの道」「皇道」「国体」と称され、戦後はこれを「国家神道」と呼ぶようになります。国の論理において「信教の自由」は私事化され、私事の宗教と国家の祭祀が並立することになります。

一八八九年の皇室典範《てんぱん》（皇位継承及び摂政に関する事項を中心に規律した皇室に関する法律）において、皇位継承の新たな方針が定められます。「第一　皇祚《こうそ》（天皇の位）ヲ践ムハ皇胤《こういん》（天皇の血統）ニ限ル。第二　皇祚ヲ践ムハ男系ニ限ル。第三　皇祚ハ一系ニシテ分裂スヘカラス」。ここに男系一系の皇位継承が定められました。

横田は、天皇が統治権総攬者《そうらんしゃ》と「現人神《あらひとがみ》（現御神《あきつみかみ》）」の両面を持ち、天皇親政の「国体・政体統一論」と、祭祀中心の「国体・政体二分論」が混在したと言います。統治権総攬者とは、憲法の制約を受けつつも「親政」する天皇のことであり、天皇は憲法を超えた統帥権と祭祀大権を持っていました。祭祀は仏式を排除して神道式に純化され、新嘗祭・祈念祭・賢所大前の御神楽以外の宮中祭祀は、「皇室祭祀令」（一九〇八年）により新たにつくられました。意外なことですが、天皇が伊勢神宮を参拝するのは、七世紀の創建以来一八六九年が初めてです。[*8] 伊勢信仰は庶民の信仰から国家の信仰へと変貌し、皇軍の戦没者を英霊として祀る靖国神社が創設されました。

こうして大日本帝国の「天皇教」とも言うべき天皇制が成立しました。「行幸」「神聖天皇の統治（元首）」「皇軍の統帥」「一世一元」「万世一系」「皇室祭祀」「男系皇嗣」「伊勢神宮と靖国神社」「天皇陵」等に、明治の「天皇教」の姿を見ることができます。

## 三　大正、昭和の天皇の代替わり*9

即位礼と大嘗祭は、天皇の政治的権威と宗教的権威の継承儀式ですが、近代以前においては庶民とは関係の薄いものでした。明治政府は新たな天皇神話を創出し、国民統制のため、天皇を最大限に政治利用しました。明治天皇の即位礼は、戊辰戦争中の一八六八年八月二七日、京都御所で唐制を改め神道儀式で盛大に行われ、大嘗祭は一八七一年一一月に東京で行われました。

大嘗祭は天皇即位後最初の新嘗祭であり、大嘗宮を造営して悠紀殿《ゆきでん》および主基殿《すきでん》で行われる神饌親食の儀礼です。神祇省「告諭」は、「大嘗会之儀ハ天孫瓊々杵尊《ににぎのみこと》降臨ノ時天祖天照大神詔シテ豊葦原瑞穂国ハ吾御子ノ所知国《しらさむくに》ト封シ玉ヒ（中略）新帝更ニ斯国ヲ所知食《しろしめ》シ天祖ノ封ヲ受玉フ所以ノ御大礼ニシテ国家第一ノ重事タリ」としています。

明治天皇の平癒祈願と葬儀（一九一二年九月一三日）は、富国強兵・殖産興業をめざした大日本帝国の臣民が、日清・日露戦争の勝利を天皇統治の賜物として天皇を崇める機会となりました。一八八九年制定の六二条の「皇室典範」が一九〇七年に八条増補され、一九〇九年に践祚と即位礼を定める「登極令《とうきょくれい》」が公布されます。大正天皇の即位礼と大嘗祭は、これに基づいて、一九一五年四月一九日から一一月三〇日まで行われました。即位礼の日には八〇歳以上の高齢者に木杯と酒肴料、慈恵救済に一〇〇万円が下賜され、恩赦、綬爵、叙位、叙勲が行われました。その日の勅語は言います。

「(前略)天壌無窮ノ神勅ニ依リテ万世一系ノ帝位ヲ伝ヘ神器ヲ奉シテ八州ニ臨ミ皇化ヲ宣ヘテ蒼生ヲ撫ス爾臣民世世相継キ忠実公ニ奉ス義ハ即チ君臣ニシテ情ハ猶ホ父子ノコトク以テ万邦無比ノ国体ヲ成セリ(後略)。」

このとき、植村正久は「この御大礼に於て、上下悉く、凡ての権の神より出るを知り、栄を神に帰するに至らば、其幸や惟に現代のみに止まらざるべし」と皮肉交じりの所感を述べています。[*10]

一九二六年一二月二五日に大正天皇が死去、一九二八年一月から一一月に昭和天皇の即位礼、大嘗祭が行われました。震災恐慌から社会問題が深刻化し、治安維持法の改悪や特高警察の全県配置も行われた時期です。大礼予算の約四割が警備の費用に充てられ、即位礼、大嘗祭は祝日とされ、国を挙げて奉祝されました。[*11]

一九〇〇年代に有力な学説だった美濃部達吉の「天皇機関説」は、一九三五年に貴族院で批判され（天皇機関説事件）、天皇主権説に立つ「国体明徴声明」が出されます。文部省の『国体の本義』（一九三七年）では、「大日本帝國は、萬世一系の天皇皇祖の神勅《しんちょく》を奉じて永遠にこれを統治し給ふ。これ、我が萬古不易《ばんこふえき》の國體《こくたい》である」、「天皇は、外國の所謂元首・君主・主権者・統治權者たるに止まらせられるお方ではなく、現人神として肇國《ちょうこく》以來の大義に隨《したが》つて、この國をしろしめし給ふ」とされました。

## 四　教会の罪責と天皇制

一九四一年、日本のプロテスタント教会は大東亜戦争遂行のために、合同して日本基督教団となりました。教団統理の富田満牧師は、伊勢神宮に参拝して新教団の発足を報告し、その発展を希願します。ここでは天皇制との関連で、キリスト教会の偶像礼拝と戦争協力という罪責を考えます。この視点は天皇制を考えるうえで欠かすことができません。

明治政府は、祭政一致をめざして神祇官を復興しますが頓挫し、「天皇教」の神社を非宗教の国営の礼拝施設とし、国民儀礼を設け、「信教の自由」を制限しました。政府は一九〇〇年に内務省社寺局を神社局と宗教局に分け、一九一三年には宗教を文部省、神社は内務省と所轄を分けて制度を整えます。神社局は一九四〇年に神祇院に昇格し、大東亜戦争は占領地に神社と忠魂碑を建てながら天皇による大東亜共栄圏の拡大を進めました。

一九三〇年、プロテスタントの諸教派・団体は、神社制度調査会に「神社問題に関する進言」を提出します。そして、神社が宗教であるなら参拝を強制しないことを、神社が宗教でないなら宗教的要素を排除することを要望しました。しかし、聖書によって神社参拝が偶像礼拝であることを識別し、これを拒否することができませんでした。一九三三年の美濃ミッション神社参拝拒否への迫害についても、朝鮮半島における神社参拝の強制に対しても、反対を表明してこれと闘うことはなかったのです。

朝鮮では、一九二五年に天照大神と明治天皇を祭神とする朝鮮神宮が創建され、神祠《しんし》数は一九三〇年に二百三十一、一九三五年に三百二十四、一九四〇年に七百二、一九四五年には千百四十一となっています。参拝の強要は一九三五年以降激しさを増し、一九三八年、日本基督教会大会議長の冨田満は、朱基徹《チュギチョル》牧師らに神社参拝を説得しました。「諸君の殉教精神は立派だが何時日本政府は基督教を棄てて神道に改宗せよと迫ったか、その実を示して貰ひたい。国家は国家の祭祀を国民としての諸君に要求したに過ぎまい。[*12]」

しかし、朱基徹牧師らは、神社参拝は第一戒違反であると主張して譲らず、神社参拝拒否で二百教会が閉鎖、二千人が投獄されました。この年の二七回朝鮮イエス教長老教会総会は神社参拝を決議し、総会議員たちは平壌神社に参拝させられました。反対者は事前に拘束され、官憲が見張る中での決議でした。あくまでも反対を続けた朱基徹ら五十人が殉教し、二十人は獄中で日本の敗戦を迎えました。[*13]

日本基督教団の「教団規則」の第七条「生活綱領」は、プロテスタント教会としての致命的な過ちを露わにしています。「皇国ノ道ニ従ヒテ信仰ニ徹シ各其分ヲ尽シテ皇運ヲ扶翼シ奉ルベシ。」「聖書に従い」というべきところが「皇国の道に従い」となり、教団統理の富田満牧師は、皇国の道に従って信仰に徹し、主を畏れつつ伊勢神宮に参拝して新しい教団の発展を「希願」したのでした。

「日本基督教団戦時布教指針」（一九四二年一〇月）は、大東亜戦争を「聖戦」と呼んで言います。

「殊ニ本教団ハ今次大戦勃発直前ニ成立シタルモノニシテ正ニ天業ヲ翼賛シ国家非常時局ヲ克服センガ為ニ天父ノ召命ヲ蒙リタルモノト謂ハザルベカラズ」

つまり、大東亜戦争に勝利するために神の召しを受けて成立した日本基督教団であるというのです。布教指針の綱領の第一は、「国体ノ本義ニ徹シ大東亜戦争ノ目的完遂ニ邁進スベシ」

でした。一九四三年の秋以降、日本基督教団では全国の教会から七二万円を超える献金を集め、海軍に二機、陸軍に二機の戦闘機を献納しました。海軍に献納された軍用機の主要両翼には「報國－三三三八（第一日本基督教團號《だんごう》）」と書かれていました。

第六部と第九部の旧ホーリネス教会が弾圧されたとき、教団は該当する教師に辞職を迫り、皇国民としての「練成」を図り、「部制」廃止に進みました。宮城遥拝、国歌斉唱などの国民儀礼の実施を各教会に指示し、もはや「神学」ではなく「日本教学」の確立に努め、戦時にふさわしい『興亜讃美歌』を作り、「殉国すなわち殉教」という日本的キリスト教に変節しました。聖戦である大東亜戦争での戦死は殉教という論理も語られました。讃美歌委員会が編集した『興亜讃美歌』（一九四三年）には、このような一節があります。

「光栄《さか》えある皇國《みくに》に生まれ、すめらぎ（天皇）にまつらふわれら、日々のわざ励む心は、あまつかみこそ知ろしめすらめ」（四番一節）

一九四四年の復活節の「日本基督教団より大東亜共栄圏に在る基督教徒に送る書翰」では、「全世界をまことに指導し救済しうるものは、世界に冠絶せる万邦無比なる我が日本の国体であるという事実を、信仰によって判断しつつ我らに信頼せられんことを」と、アジアの教会に語りかけます。戦局が悪化の一途をたどる中、一九四四年八月一八日の「日本基督教団決戦態勢宣言」が出されます。以下はその一節で、宸襟《しんきん》とは天皇の心のことです。

「此ノ時ニ当リ皇国ニ使命ヲ有スル本教団ハ皇国必勝ノ為ニ蹶起《けっき》シ、断固驕敵《きょうてき》ヲ撃摧《げきさい》シ、以テ宸襟ヲ安ンジ奉ラザルベカラズ」

キリストの花嫁は、キリストのためにではなく、天皇のために身支度を整えることになってしまいました。

## 五　日本国の天皇――民主主義日本の国民統合の象徴

アジア・太平洋戦争の敗戦により大日本帝国は滅び、民主主義の日本へと政体は劇的に変わりました。GHQの「神道指令」により国家神道は解体され、天皇は一九四六年年頭の詔書でいわゆる「人間宣言」を行い、[*14] 一九四八年に「教育勅語」は失効しました。天皇主権から国民主権へ、天皇（国）のための臣民から基本的人権を有する国民へ、軍国主義から平和主義へと日本は大転換します。しかし、継続されたのは天皇および天皇制でした。元首から象徴に変わりましたが、退位もなく元号（昭和）も宮中祭祀も継続しました。

そもそも天皇が戦争を終結させようとした究極の目的は「三種の神器」の確保であり、天皇制の維持でした。マッカーサーは天皇処刑と国体護持の狭間で、日本統治の方策として戦争放棄と象徴天皇制をセットにし、占領統治のために天皇を利用します。昭和天皇が退位せず戦争責任を認めなかったことには日米政府の意向が反映していました。

中村政則は、米国大使グルー、対日心理作戦部長フェラーズ、マッカーサーによって象徴天皇が生み出された経緯を明らかにしています。[*15] 一九四五年九月二七日の天皇・マッカーサー会見を前に、フェラーズは旧知の河井道と一色ゆりの意見を聴き、天皇免責の進言を用意します。GHQの支配下に天皇制国体は護持されましたが、キリスト教はこれに大きく貢献しました。

内閣参与となり、国民総懺悔運動をリードした賀川豊彦は、「マッカーサー総司令官に寄す」において、全国民が天皇によって平和への回心を遂げたことを訴え、皇統連綿たる皇室を戴く君主制民主主義こそが民主主義の理想であると説き、天皇を「救はんとする意志を持ってゐる」主権者と語りました。[*16] 南原繁は東京帝国大学総長となり、天皇が平和や道徳の模範となることを理想とし、ゆえに退位して責任を取るべきことを主張しました。[*17]

この南原と共に終戦工作をした帝大法学部教授の高木八尺《やさか》と田中耕太郎がいます。高木は、天皇の道徳性と民衆との一体性を強調し、主権の所在は問題にせずに天皇制と民主主義の親和性を主張しました。文部大臣、最高裁長官を務める田中も、天皇の伝統と道徳性および匡救《きょうきゅう》者であることのゆえに天皇制の存続を支持します。*18 高木八尺はクエーカー、田中耕太郎はカトリックです。植村正久の娘の植村環牧師は、渡米してトルーマン大統領に天皇免責を訴え、皇室での聖書講義を行います。賀川、田中、斎藤勇も天皇にキリスト教の講義をしています。天皇の「人間宣言」を推敲したのは新渡戸稲造門下の文部大臣前田多門《たもん》（クエーカー）、民主主義天皇制のため宮内庁長官として務めたのは無教会の田島道治《みちじ》（在職一九四八～五三年）、後任は同じく無教会の宇佐美毅《うさみたけし》（在職一九五三～七八年）です。さらに侍従長は、無教会の三谷隆信《たかのぶ》（在職一九四八～六五年）でした。

日本の国体護持と占領政策上の天皇制維持を実現するため、キリスト教はその立場を生かして少なからぬ役割を果たしました。これは民主主義にふさわしい象徴天皇制をつくり出そうとしたとも言えますし、戦中に悪魔的な姿を現した天皇の存続を許してしまったとも言えます。こうして戦争責任に戦後責任が加わります。

千葉眞は、戦前の神権天皇制と戦後の象徴天皇制の「断絶」と「連続」に注目し、戦後の天皇制研究を以下の四つの立場に分類しています。*19 研究史の概観として紹介します。

**①「古来の天皇制の復権」説**　戦前と戦後の断絶を認めつつ、戦後の象徴天皇制を古来の

天皇制の復権として評価する。和辻哲郎、西田幾多郎、上山春平、梅原猛などの説です。

**②「戦前の精神構造残存」説**　政治構造における戦前と戦後の基本的断絶を認めつつ、戦前の精神構造（内なる天皇制）の残存を憂慮する。丸山眞男、藤田省三、神島二郎、石田雄、宮田光雄、松下圭一など、リベラルな学者たちの説です。

**③「戦前と戦後の基本的連続」説**　戦前と戦後の天皇制の連続性の契機を強く認識する。村上重良、塚田理、丸山照雄、土肥昭夫、戸村政博、角田三郎、横田耕一など。ここにはクリスチャンの論者が多くいます。

**④「戦前と戦後の基本的断絶」説**　統治構造と精神構造の双方における基本的断絶を認めつつ、戦後の象徴天皇制を「文化平和国家」、「民主主義国家日本」、「幸福な家庭」の象徴とする。河西秀哉、瀬畑源など、新しい世代の学者たちの説です。

## 六　日本国憲法下の即位礼と大嘗祭

昭和天皇は一九八九年一月七日に亡くなり、閣議で宗教性のない国の儀式とされた「剣璽等《けんじとう》承継《しょうけい》の儀」が行われ、皇太子明仁が即位、翌八日「平成」と改元されました。しかし、天孫降臨神話に基づく三種の神器には宗教性があります。九日には「即位（践祚から変更）後朝《ごちょう》見《けん》の儀」が行われ、二月二四日「大喪の礼」、一九九〇年一一月一二日に国家行事として即位礼が行われ、天皇は天照大神の玉座である高御座《たかみくら》に立ちます。一一月二二日から二三日に皇室行事として行われた大嘗祭に、宮廷費二五億六八〇〇万円が用いられました。

キリスト教界では、日本基督教団が、一九八六年一一月の第二四回総会で大嘗祭に対する反対声明を行います。[20] 同教団では、一九八八年三月から靖国神社問題特別委員会が「天皇代替わりに関する情報センター」の活動を開始して議論を牽引し、[21] 多くの書物が刊行されました。[22] 日本キリスト教協議会（NCC）は、一九八九年一〇月に「大嘗祭問題署名運動センター」を設置し、日本福音同盟（JEA）も協力して、五万八〇〇〇人の反対署名を海部総理大臣に提出しました。

日本同盟基督教団は一九九〇年三月一五日、第四〇回総会において、教憲第二条二項とエレミヤ書一八章七～八節を引き、「大嘗祭に関する宣言」を採択しています。[23]

各教派・教団やキリスト教諸団体が大嘗祭に反対を声明し、一一月一九日から二三日まで「大嘗祭抗議百時間断食」が行われ、延べ一七〇〇人が参加しました。NCC「大嘗祭問題署名運動センター」は、この間の動きを『キリスト教と天皇制――一九九〇年教会の闘いの記録』（全四百四十三頁、ヨルダン社）にまとめています。[24]

一五八か国から二五〇〇人が参列した即位の礼正殿の儀、天皇は高御座から「日本国憲法を順守し、日本国及び日本国民統合の象徴としての役割をはたすこと」を誓い、海部首相は「私たち国民一同は、天皇陛下を日本国及び日本国民統合の象徴と仰ぎ、心を新たに、世界に開かれ、活力に満ち、文化の薫り豊かな日本の建設と、世界の平和、人類福祉の増進とを目指して、最善の努力を尽くすことをお誓い申し上げます」と「寿詞」を述べ、万歳三唱しました。即位の礼と大嘗祭の費用は一二三億円でした。

一九九〇年に「即位の礼・大嘗祭国費支出差止・違憲確認・損害賠償請求」が大阪地裁に提訴されましたが敗訴しています。控訴審も一九九五年に大阪高裁で敗訴しましたが、判決文において、「少なくとも国家神道に対する助長、促進になるような行為として、政教分離規定に違反するのではないかとの疑義は一概には否定できない」、「天皇が主権者の代表である海部首相を見下ろす位置で『おことば』を発したこと、同首相が天皇を仰ぎ見る位置で『寿詞』を読み上げたこと等、国民を主権者とする現憲法の趣旨に相応しくないと思われる点がなお存在することも否定できない」という少数意見が記されました。*25

## 七　天皇と天皇制の神学的検討

古代の天皇親政制から現代の象徴天皇制まで、天皇は実権のあるなしにかかわらず「王」であり、私的には神道の祭祀を司る祭司であり「現人神」です。アジア太平洋戦争末期の大日本帝国の天皇は、黙示録一三章に登場する「竜に権威を与えられた獣」の様相を呈しましたが、[*26]あくまでも人間であり、キリストの恵みによる救いを必要とする罪人です。日本国憲法における天皇は、日本国と日本国民統合の象徴という特殊な職務をもつ公務員として「上に立つ権威」の一つと考えられます。ローマ人への手紙一三章は、神格化されたローマ皇帝の権威を認めないローマのキリスト者を念頭に置きながら、「人はみな、上に立つ権威に従うべきです」と教えています。それは「上に立つ権威」の万能を語っているのではなく、神が上に配置された権威であるがゆえの服従の教えです。

現在でも天皇は神道の神官であり、日本における「神」であるがゆえに天皇なのであり、公私の区別は不可能です。また天皇の政治利用、あるいは神格化を図る政治とこれを是認する国民がいるのも事実です。今秋に予定されている大嘗祭はまさに天皇神格化の神道儀式であり、これに公費である宮廷費二七億一九〇〇万円が充てられる予定です。塚田理は、天皇制を「原罪」的問題であるとして、次のように言います。

「〈象徴天皇〉を持つ日本国民は、自らの中に国民としての存在理由を確保する自己完結的国家を形成していると言わなければならない。（中略）自己完結的国家の永遠的・究極的象徴としての天皇は、日本国民の存在を無限に肯定する根拠である。しかし、キリスト教信仰にとって、自己完結性の主張は原罪と呼ばれるべきものである。[*27]」

これは天皇制に対する最も透徹した批判です。天皇制は神を求めさせず、神を神とさせない機能を持っていると言うのです。

天皇には信教の自由を含む基本的人権がありません。現在の象徴天皇は、聖書の人間観とも民主主義とも矛盾しています。「この地位は、主権の存する日本国民の総意に基づく」のですから、国民の意思で天皇制を廃止し、共和制に徹することがあり得ます。それは、民主主義的な象徴天皇制に徹すること、すなわち皇室祭祀を廃止し、神格化を排除した天皇を国民統合の象徴とすることでしょう。

しかし、天皇の救いの課題は残ります。天皇制が廃止されて天皇の救いの環境が整うという順序と、救われるべき罪人の一人である天皇の救いにより宮廷祭祀が廃止されるという順序、いずれにしても祈りはそこにあります。[*28]天皇の地位は憲法が定めていますが、宮中祭祀は私的なことだからです。そんなことはあり得ないという判断はよくわかります。しかし、可能性があることを祈るのではなく、神のみこころにかなうことを祈るのです。パウロはテモテに「すべての人のために、王たちと高い地位にあるすべての人のために願い、祈り、とりなし、感謝をささげなさい」と命じ、「神は、すべての人が救われて、真理を知るようになることを望んでおられます」（Ｉテモテ二・一、四）と教えています。当時、ローマ皇帝がキリスト教徒となることを、だれが期待できたでしょうか。

しかし、このように祈りつつ、皇帝礼拝という国家的偶像礼拝を拒否した教会に倣い、国を大切に思うがゆえに「上に立つ権威」の神格化には否を言い続けることが肝要です。これが神のことばに生きる教会が「言い続ける」べきことであると思います（マタイ一四・四）。

## 八　明仁天皇の生前退位とこれからの天皇制

二〇一六年八月八日、明仁天皇は「象徴としてのお務めについての天皇陛下のおことば」[*29]をテレビ、ラジオ、インターネットを通じて発信しました。これが契機となり皇室典範を変更せず、特例としての生前退位が決まり、二〇一九年五月一日に皇太子が新天皇に即位、改元される予定です。明仁天皇の発言には、象徴的行為の意識が明確に示されていました。

「私はこれまで天皇の務めとして、何よりもまず国民の安寧と幸せを祈ることを大切に考えてきましたが、同時に事にあたっては、時として人々の傍らに立ち、その声に耳を傾け、思いに寄り添うことも大切なことと考えて来ました。天皇が象徴であると共に、国民統合の象徴としての役割を果たすためには、天皇が国民に、天皇という象徴の立場への理解を求めると共に、天皇もまた、自らのありように深く心し、国民に対する理解を深め、常に国民と共にある自覚を自らの内に育てる必要を感じて来ました。こうした意味において、日本の各地、とりわけ遠隔の地や島々への旅も、私は天皇の象徴的行為として、大切なものと感じて来ました。」

明仁天皇は慰問や慰霊の旅を行い、十の国事行為と国賓歓迎などの公的行為以外の「象徴的行為」を大幅に増やしました。これは戦後のキリスト者が期待した天皇像であるように思われます。「象徴的行為」の最終目的は何でしょうか。天皇の言葉は次のように結ばれます。

「これからも皇室がどのような時にも国民と共にあり、相たずさえてこの国の未来を築いていけるよう、そして象徴天皇の務めが常に途切れることなく、安定的に続いていくことをひとえに念じ、ここに私の気持ちをお話しいたしました。」

ここに、天皇制の安定的継続という中心的な願いを読み取ることができます。

明仁天皇夫妻の人間性、戦争への反省と憲法遵守の姿勢、被災者慰問などには敬意を表したいと思います。しかし、これは憲法が定める国事行為を超えることです。外国訪問、国体・植樹祭参列、国会開会式でのおことば・内奏・拝謁、皇居一般参賀、講書始、歌会始、天皇誕生日祝賀、園遊会、宮中晩餐会などの公的行為に加え、明仁天皇が意識して増やした象徴的行為です。天皇がこうした象徴的行為において捧げる「祈り」は、神道の祭祀王としての天皇の祈りなのです。明治天皇と大正天皇は皇室祭祀に熱心でなかったと言われますが、昭和天皇はこれに熱心であり、明仁天皇はさらに熱心だと言われます。*30

「終戦の日」の全国戦没者追悼式の総理大臣式辞から二〇一三年以降、「反省」という言が姿を消し、一方で、二〇一五年以降の天皇の「おことば」に「さきの大戦に対する深い反省」の言が加わります。辺野古埋め立て基地増設で政府に苦しめられる沖縄に天皇が行くことは、国民統合の象徴の役割のゆえなのでしょう。「平成流」と称される新たな天皇像が生み出され、明仁天皇が憲法順守と平和を語る一方、政治は「日本会議」や「神道政治連盟」などに支えられて大日本帝国憲法的国家の復活をめざしています。*31 象徴天皇制と政治は、図らずも補完の関係にあるように思われます。

代替わりにあたり、政教分離の問題とともに、元号という日本のみの時間区分の不合理も取り沙汰されています。出雲市は一九八九年から元号と西暦を併用していますが、佐賀県が西暦併用を決め、みずほ銀行が西暦に変更するなど、このたびの改元で西暦採用の検討が各所でなされています。

そうした中、皇位継承自体が危機に瀕しています。近代以前には「連綿と継承されてきた皇位もおよそ半数が庶子（側室の子）継承」（笠原英彦）であり、八人十代の女帝もいました。明治天皇には五人の側室があり十五人の子が生まれ、男子五人のうち四人が夭折し、一人が大正天皇となりました。大正天皇以降は一夫一婦となり、戦後は秩父宮、高松宮、三笠宮を残し、十一宮家を臣籍降下（皇籍離脱）させたことで皇位の継承は危機に瀕しています。笠原英彦はこれを「マッカーサーが仕掛けた時限爆弾」と呼んでいます。*32

## おわりに

東京帝大教授に復帰した矢内原忠雄は、「私心なく生きる」天皇に「民族精神の理想型」を見いだし、一九四五年一二月の講演で「私共は天皇陛下を愛し敬つて、日本国民の国民生活の首と仰ぎ中心として崇めます。併し、陛下、今の状態の儘《まま》ではいけません。聖書をお学びになれば、陛下御自身の御心が平和を得、希望を得、勇気を得、頼り所を得られます」と語りました。彼は仏教に帰依した天皇の時代があったように、聖書に立つ天皇を構想していたと考えられます。[*33] しかし、この好機は生かせませんでした。ネックは宮中祭祀です。敗戦直後に天皇の退位があれば、大嘗祭の実施はあり得なかったでしょう。

私たちは「Xデー」の服喪とは異なる天皇の代替わりを迎えようとしています。「平成流」の即位礼と大嘗祭は明るい緩やかな権威として演出され、国民は祝賀に動員されるでしょう。私たちは大日本帝国の天皇の悪魔性と、象徴天皇制が内包する矛盾を忘れることなく、終末論的希望をもって祈り、日本宣教にあたりたいと思います。天皇や皇族の救いと天皇制度が不要となること、その目標に向かって象徴天皇に頼らない民主主義を育て、天皇と日本が悪魔化しないよう政教分離を守る務めを果たしたいと思います。

「小さな群れよ、恐れることはありません。あなたがたの父は、喜んであなたがたに御国を与えてくださるのです。」（ルカ一二・三二）

# 注

1　六条に内閣総理大臣と最高裁長官の任命、七条に憲法改正・法律・政令及び条約公布、国会召集、衆議院解散、国会議員選挙施行公示、国務大臣等の認証、恩赦認証、栄典授与、外交文書認証、外国大使・公使接受、儀式。

2　日本キリスト改革派教会大会　世と教会に関する委員会編『国家と宗教に関する問答集』聖恵授産所出版部、一九九六年。

3　「日本を愛するキリスト者の会　規約」の前文。HPで二〇一六年一月二三日確認。その後、少し変更された。

4　初代の神武は皇紀によれば、紀元前六六〇年に即位、倭の五王「讃」に同定される可能性のある一五代応神以前は神話であり、一六代仁徳まで十二人が一四三歳を筆頭に一〇〇歳以上とされる。倭の五王「武」に同定される二一代雄略《ゆうりゃく》、二六代継体（五三一年頃没）から歴史学的に存在が実証されている。

5　「抑、歐州ニ於テハ憲法政治ノ萌セル事千餘年、獨リ人民ノ此制度ニ習熟セルノミナラス、又タ宗教ナル者アリテ之カ機軸ヲ爲シ、深ク人心ニ浸潤シテ、人心此ニ歸一セリ。然ルニ我國ニ在テハ宗教ナル者其力微弱ニシテ、一モ國家ノ機軸タルヘキモノナシ。（中略）我國ニ在テ機軸トスヘキハ、獨リ皇室アルノミ」。伊藤博文『枢密院会議議事録　第一巻』東京大学出版会、一九八四年、一五七頁。

6　島善高「万世一系の由来」『律令制から立憲制へ』成文堂、二〇〇九年。

7　横田耕一「国民統合軸としての『天皇教』――制度の視点から」吉馴明子・伊藤彌彦・石井摩耶子編『現人神から大衆天皇制へ――昭和の国体とキリスト教』刀水書房、二〇一七年。

8　ジョン・ブリーン『神都物語――伊勢神宮の近現代史』吉川弘文館、二〇一五年。

9　土肥昭夫「近代日本における天皇即位とキリスト教」『天皇とキリスト――近現代天皇制とキリスト教の教会史的考察』新教出版社、二〇一二年。

10　キリスト教界では森村市左衛門が男爵、新島襄は従四位、山本覚馬が従五位、波多野鶴吉が正六位、島田三郎は勲二等、江原素六・徳富蘇峰が勲三等、井深梶之助・元田作之進、原田助、成瀬仁蔵が勲五等、津田梅子・矢島楫子が勲六等に叙され、山室軍平・留岡幸助に藍綬褒章が授与された。

11　キリスト教界の綬爵、叙勲の中で、伝道者である小崎弘道が金盃、鵜崎庚午郎が銀盃を受けた。

12　『福音新報』一九三八年、七月二一日。

13　南北朝鮮の分断で十分な調査が不可能になったため二百教会、二千人、五十人は概数。

14　一九七七年八月二三日、天皇は那須での記者会見で「人間宣言」に触れ、神格の否定は「二の問題」で第一の目的は「五ヵ条の御誓文」に立ち戻ること、象徴天皇制は国体の精神に合ったことと述べている。

15　中村政則『象徴天皇制への道――米国大使グルーとその周辺』岩波新書、一九八九年。

16　山口陽一「日本の政治文化と教会――悔い改めない文化と教会の責任」『福音主義神学』二六、一九九五年。

17　苅部直「平和への目覚め」『歴史という皮膚』岩波書店、二〇一一年。

18　河西秀哉『近代天皇制から象徴天皇制へ――「象徴」への道程』吉田書店、二〇一八年。

19　吉馴明子・伊藤彌彦・石井摩耶子編『現人神から大衆天皇制へ――昭和の国体とキリスト教』刀水書房、二〇一七年。この分類の原型は、塚田理が『象徴天皇制とキリスト教』において言っている。

20　一　大嘗祭を国による行為として行うことは、日本国憲法の政教分離原則に明白に違反する。
二　大嘗祭は象徴天皇制の下で進行している天皇制攻勢の集大成であり、その強化につながる。
三　われわれは聖書の教えとわれわれの信仰告白に従って歩み、天皇神格化のいかなる試みをも拒否する。

21　同年一一月の第二五回総会に討議資料としてブックレット『天皇制ファシズムとキリスト教』『象徴天皇制とキリスト者の立場』『「戦責告白」と天皇制』を出版。「天皇代替わりに関する情報センター」は一九九〇年二月に『教会の宣教と天皇制』を発行し、活動は同教団の「靖国・天皇制問題情報センター」に継承された。

22　一九八七年八月に富坂キリスト教センター編『キリスト教と大嘗祭』（新教出版社）、八八年三月に土肥昭夫・戸村政博共編『天皇の代替わりと私たち』（日本基督教団出版局）、五月に戸村政博『いま、Xデーを考える』（キリスト新聞社）、八月に戸村政博『神話と祭儀――靖国から大嘗祭へ』（日本基督教団出版局）、九月に笹川紀勝『天皇の葬儀』（新教出版社）、九〇年五月には稲垣久和『大嘗祭とキリスト者』（いのちのことば社）が出版された。日本バプテスト連盟は八八年九月に『天皇の代替わりに備えて――そのとき教会は…』、九〇年一月に『即位・大嘗祭に備えて――そのとき教会はＰａｒｔⅡ』、日本聖公会は八八年九月に『天皇の代替わりにそなえて』、日本キリスト教会は八九年八月に『いまなぜ大嘗祭か』、日本キリスト改革派教会中部中会は八九年七月に『天皇問題について』、九〇年九月に『大嘗祭――その新たな挑戦』、靖国神社国営化阻止北海道キリスト教連絡会が八九年八月に『なんで大嘗祭?』を出版している。

23　一　大嘗祭は新天皇が天皇霊を受け「現人神」となるための皇室神道の最重要の宗教儀式である。天皇の神格化は、創造主なる神の絶対主権への侵害である。そしてこれを強行するならば、わたしたちの国日本はやがて歴史を支配する神の裁きを招くであろう。二　日本国憲法の政教分離原則は多くの犠牲を払って得たもので宗教（神道）と国家の厳密な分離を規定したものである。政府が大嘗祭にかかわり国費を使用することは、この政教分離原則に明らかに違反する。

24　同書には、ブックレット『キリスト教と天皇制』（一～六号）の論説と記録、三十三の声明が収録されている。また、日本における宣教と神学の課題として、戸村政博他『検証　国家儀礼〈一九四五〜一九九〇〉』（九〇年八月、作品社）、富坂キリスト教センター編『天皇制の神学的批判』（九〇年一〇月、新教出版社）、立教女学院短大公開講座編『天皇制を考える』（九〇年一〇月、新教出版社）、東京ミッション研究所『天皇制の検証』（九一年一月）等が出版された。

25 『即・大』いけん訴訟団編著『天皇制に挑んだ一七〇〇人――「即位の礼・大嘗祭」違憲訴訟の記録』緑風出版、一九九五年。

26 日本キリスト改革派教会大会　世と教会に関する委員会『国家と宗教に関する問答集』（一九九六年）は、天皇は偶像であり、上に立つ権威ではないとしている。

27 塚田理『象徴天皇制とキリスト教』新教新書二三二、一九九〇年、八〜九頁。

28 松谷好明『キリスト者への問い――あなたは天皇をだれと言うか』（一麦出版、二〇一八年）は、「天皇がキリスト教に改宗するように祈ることは、○が△になるように祈ることです。聖書的な祈りとは到底言えません」（八一頁）と厳しい。

29 「象徴としてのお務めについての天皇陛下のおことば」吉田裕・瀬畑源・河西秀哉編著『平成の天皇制とは何か――制度と個人のはざまで』岩波書店、二〇一七年。

30 笠原英彦『象徴天皇制と皇位継承』ちくま新書、二〇〇八年。原武史『昭和天皇』岩波新書、二〇〇八年。

31 国民祝祭日（紀元節復活一九六六年）、元号法制化（一九七九年）、大嘗祭（一九九〇年）、国旗・国歌法（一九九九年）、教育基本法改正（二〇〇六年）、秘密保護法（二〇一三年）、集団的自衛権容認（二〇一五年）、テロ等準備罪（共謀罪、二〇一七年）。

32 笠原英彦、前掲書。

33 赤江達也『矢内原忠雄――戦争と知識人の使命』岩波新書、二〇一七年。

# 聖書・憲法・天皇制

日本バプテスト連盟・泉バプテスト教会　牧師　城倉啓

二〇一九年、日本国憲法のもとでの二回目の天皇代替わりが行われようとしています。また、四月二二～二六日の改憲発議、六月三〇日の国民投票という日程の「改元改憲」[*1]についても、可能性があります。この機会に憲法の定める政治制度としての天皇制について、聖書を基盤にして考察します。

## 一　聖書から見た天皇制

### ◆シオン契約

天皇制は君主制または王制の一種です。旧約聖書は、君主制について肯定／否定の両面の評価を持っています。サウル王からゼデキヤ王に至るまで、イスラエルは君主制を採っており、特にダビデ王朝に対して高い評価を与えています。神は「ダビデの家」と契約を結び、その永続を約束します。いわゆる「シオン契約」という思想の流れです。シオン山（エルサレム）でダビデを介して神と民が結んだ契約です（前一〇〇〇年頃）。[*2]

「ダビデの家」は皇族・皇統と似通っています。男系による血のつながりを重視した世襲制度だからです。唯一の女性の王アタルヤに対する厳しい評価は、彼女の両親が国際結婚だったということと女性だったということにも原因があるでしょう。[*3]

王家と祭司の家系は結びつきが強いものです。古代は政教一致が当たり前の世界です。「主の家（神殿と訳される）」と「王の家（王宮と訳される）」は、エルサレムにおいて隣接して建築されています。[*4] シオン契約を重視する人々は、エルサレムの王家・祭司家の周辺の人々です。このことは明治政府のもと、皇居もまた京都から東京に移されたことを想起させます。

旧約聖書の時代、男系世襲の王制に肯定的な思想は、大まかにユダ部族・南の伝統です。ソロモン王は神殿を求心力として中央集権的な専制君主になろうと行政改革をしましたが、実はそれは、古代西アジアにおける「普通の国」になろうとする試みでした（前九五〇年頃）。[*5] 対等の十二部族による地方分権を重んじる北の諸部族は猛反発をし、ソロモン王の死後、王国は北イスラエル王国と南ユダ王国に分裂しました（前九二六年）。[*6]「自分たちの天幕に帰れ」[*7]という分裂のスローガンから、北イスラエル王国を構成する諸部族が、南のユダ部族からのみ輩出される一人の王に束ねられることに反発をしたと考えられます。

王がいないことによる無秩序を問題視する言葉は、シオン契約の立場からの王制に対する肯定的評価です。[*8]

### ◆シナイ契約

世襲の王制に批判的な思想潮流もあります。シオン契約に対して、シナイ契約と呼ばれます。シナイ山でモーセを介して神と民が結んだ契約です（前一二八〇年頃）。[*9] それは荒れ野時代を理想の社会と考えるものです。預言者ミリアム・大祭司アロン・預言者モーセの姉弟の集団指導体制。荒れ野において、民の王は唯一の主しかいません。モーセでさえ王ではなく預言者でしかないのです。[*10]

レビ部族出身のモーセの後継者はエフライム部族のヨシュアでした。[*11] 世襲ではないということが注目点です（それに対して、大祭司アロンの職は男系子孫に世襲されていきます）。ヨシュア後も世襲ではなく、その都度主の霊を受けた士師たちが、基本的には部族ごとの指導者として立てられます。士師ギデオンの息子アビメレク（「わたしの父は王」の意）が、世襲の王制を導入しようとして失敗したのは、王制がシナイ契約の伝統になじまないことの証左です。[*12]

士師記においては、北の諸部族出身の士師たちが多く活躍します。[*13] 世襲の政治指導者を立てないことは北の伝統です。そのことと、後の北イスラエル王国の王朝がクーデターによってくるくると交代することは関連しています。それは南ユダ王国が、基本的にはダビデの家のみの王朝であったことと好対照です。

最後の士師・祭司・預言者サムエルは、サウル王朝（北のベニヤミン部族中心）・ダビデ王朝（南のユダ部族中心）の創設に関わった指導者ですが、皮肉なことに彼自身は王制について批判的でした。サムエルは人間の王を戴くことは、真の王である神を王として認めないことに直結することを知っています。[*14] 彼はシナイ契約を重視していた、北の人（エフライム部族）なのでした。

預言者エリヤは政教一致したアハブ王（北のオムリ王朝）に抵抗しました。[*15]「主こそ神」というエリヤの主張も、シナイ契約の伝統に立つものでした。[*16] 当時としては普通だったフェニキア流の王権と国家宗教の癒着は、荒れ野の伝統にそぐわないからです。[*17]

唯一の北王国出身の記述預言者ホセアが、自国の滅亡を預言したのは偶然ではありません。[*18] 南王国出身の記述預言者アモスは、北王国が経済大国となっている影で貧しい人々を踏みつけている現実を批判しました。[*19] 最初期の記述預言者二人が北王国で活動したことは、重大な事実です。政治制度としての君主制度を採用することはイスラエルにとって「重婚」になってしまうというホセアの主張は、北でこそ理解しやすいものだったからでしょう。大まかに預言者の周辺でシナイ契約が息づいています。ホセアはエリヤの思想を受け継いでいます。ちなみに預言者のうちでホセアと後のエレミヤだけが、明確に十戒の内容に言及しています。[*20]

### ◆世界帝国等諸外国

アッシリア帝国によって北王国は滅亡させられます（前七二二年）。それとともに、多くの難民が南王国に流入し、シナイ契約がシオン契約と合流します。ホセア書やアモス書が南王国に持ち込まれます。そしてヨシヤ王のもと、「唯一のエルサレム神殿で唯一の主を礼拝すべし」というスローガンを掲げた中央集権国家が誕生します。ヨシヤ王は自ら祭儀をも執り行う祭司王でした。[*21] 彼は政教一致した国家宗教の頂点に立ち、軍拡路線を推し進めますが、その結果として戦死してしまいます（前六〇九年）。同様に祭政一致した大国エジプト帝国との覇権争いに破れた格好です。

その後まもなく南ユダ王国は、アッシリア帝国を征服した新バビロニア帝国によって滅亡させられます（前五八七年）。祭政一致した軍事国家は大国であれ小国であれ、力に基づく競合をし、弱いものが確実に負けます。聖書の民は、このバビロン捕囚という破局を、神の裁きと信じました。預言者ホセアの思想を引くエレミヤは、シナイ契約をもとにバビロン捕囚を預言します。[*22] そして、敗戦の後に、預言の真正性が立証されたエレミヤの思想が正統とされました。

エレミヤよりも若干年少の同時代人エゼキエルは、バビロンの地で同様の思想を発展させ、君主制国家ではなく信仰共同体としての「神の民」を再生させました。正典朗読を中心に会堂に集まる礼拝共同体です。ダビデ王朝が途絶えたことにより、シオン契約という考え方は挫折し、後退します。

その一方で、預言者たちは大帝国を含む周辺諸外国に対しても、厳しい批判の目を向けています。[*23] 祭政一致した君主制を採る大帝国もまた神ではありません。イスラエルの国家滅亡は、民族神としての主なる神が、アッシリアやバビロニアの民族神に破れたのではありません。世界の主である神が、大帝国を裁きの道具として用いたにすぎないのです。[*24]

旧約聖書の全体構造は、シナイ契約をシオン契約よりも上位に置いています。モーセの権威による「五書」が冒頭に配置され、モーセの光のもとにダビデを見ざるを得ません。またユダヤ教配列では、列王記の直後にイザヤ書以下の預言書が置かれています。バビロン捕囚が預言者たちに警告されていたということを強く印象づけています。こうしてシオン契約に基づく君主制の時代は、シナイ契約締結の物語と、シナイ契約を重んずる預言者たちの王国批判に挟まれているのです。

基本的にイエスも、シオン契約よりもシナイ契約を重視しています。自らが「ダビデの子」と呼ばれることを拒否しているからです。[*25] 北のゼブルン・ナフタリ部族のガリラヤ地域、ナザレ出身のイエスは、北の伝統・シナイ契約を重んじています。血統ではなく、主の霊が彼の原動力です。*26 クリスマス物語における、イエスが聖霊によって生まれたことの強調は、世襲批判という意味も含みます。*27

そしてイエスは、当時の世界帝国であり、「神の子」と称する専制君主を戴くローマ帝国に対して批判的です。*28 また政教一致した大祭司（神殿貴族）が支配する、民族の自治政府に対しても批判的です。*29 さらにガリラヤ地方を統治する四分封領主ヘロデに対しても批判的です。*30 イエスは預言者です。そして預言者以上の方です。*31 ただし、それは地上の政治権力を振るう君主・王という意味ではありません。*32 十字架を担う死刑囚・政治権力に虐殺された僕《しもべ》としての王です。その玉座は十字架であり、王冠は荊冠であり、側近は左右の死刑囚です。

天皇を君主に戴く祭政一致の軍事国家・大日本帝国の敗戦は、バビロン捕囚に似ています。あるいは大日本帝国は、ヨシヤ王の統治下の南ユダ王国や、アッシリア帝国、新バビロニア帝国、ペルシア帝国、ヘレニズム諸国家、ローマ帝国のような軍事的覇権を争う専制君主制の列強に似ています。たとえば朝鮮半島のキリスト者たちから見れば、大日本帝国による統治と連合国による解放は、バビロン捕囚とペルシア帝国による帰還の許可のように映ったはずです。*33 いずれにせよ祭政一致の軍事侵略国家は、預言者たちの批判の対象です。

ゼデキヤ王の後、ダビデの子は王位に就くことはありませんでした。ハスモン王朝もヘロデの王朝も、ダビデの子孫ではありません。神の民は君主制を採らずに、むしろ信仰共同体として存続していきます。その中でユダヤの民は、「主こそ王」と賛美し、礼拝を続けていきました。*34

イエス・キリストの「神の国運動」も、使徒たちの教会形成も、「イエスが主である」と告白する、任意の信仰共同体・礼拝共同体をかたちづくる活動です。信仰の自由・政教分離原則も、このような政教一致した君主制と国家宗教制度からの「脱出」という、大きな潮流からとらえるべきです。いわゆる「国家からの自由」です。

大日本帝国の敗戦は、天皇周辺の一団を一宗教法人（信仰共同体）に変えることまでには至りませんでした。天皇制は国家機関として存置されました。職務名も同じ「天皇」、しかも同一人物が、そのまま皇位に就き続け、あの破局においてさえも「生前退位」はなかったのです。大日本帝国は滅亡し、国名を変えました。日本国です。「日本共和国」にならなかったことに、後の葛藤の芽があります。いかにもあいまいな解決です。「天皇」（Emperor）を置く君主制なのに、「帝国」（Empire）と称さない。その反面、世襲の天皇を国の象徴として置いているので、「共和国」（Republic）とはどうしても称せないのです。

厳格な断絶がないことに、象徴天皇制の神学的な課題があります。つまり、国名から（したがって憲法の名称からも）、「大」と「帝」の字を抜くことしかできなかったことが課題です。

この削除したはずの字が、実際には常にうっすらと残っているのです。たとえば、天皇制由来の祭日が、国民の休日となって残ったり復活したり、さらには新設されたりすること。法的根拠もなしに官公署が元号を使用し続け、後に法制化したりすること。[*35] 昭和から平成への即位の礼・大嘗祭を、大日本帝国憲法下の大正から昭和への代替わりを参考にして行ったりすること。さまざまなかたちで、除いたはずの「帝」の字が再び浮かび上がっています。

また特に中国や韓国に対する露骨な民族差別・敵対競合意識は、旧植民地に対する自らの優位性を誇示しようとする大国意識に由来するものでしょう。「大」の字も残っています。経済大国と呼ばれるようになってからは、特に。

## 二　日本国憲法から見た天皇制

### ◆大日本帝国憲法と日本国憲法の連続性

ここでは、一般に強調されることが少ない、大日本帝国憲法（以下「旧憲法」）と日本国憲法（以下「現憲法」）の連続している面を、あえて取り上げます。上述の神学的問題意識を引き受けて、「削除しなかった文言」や、「削除したはずの文言」を明確にするためです。

旧憲法でも日本の政治制度は、「立憲君主制」に分類されます。憲法によって君主の権限がある程度制約されているからです。旧憲法も、一応「近代憲法」に属します。個人の人権を守るために権力を縛るという「立憲主義」[*36]に外見的には立脚しているからです。種々の限界があるものの旧憲法は自由民権運動のうねりの中で制定されていったのでした。[*37]

目次立ても両者は連続しています。現憲法のみにある部分は、「前文」「第二章　戦争の放棄」「第八章　地方自治」「第九章　改正」「第一〇章　最高法規」です。合計五章。

それらを除外した両者の共通部分は、「第一章　天皇（第一章　天皇）」「第二章　臣民権利義務（第三章　国民の権利及び義務）」「第三章　帝国議会（第四章　国会）」「第四章　国務大臣及枢密顧問（第五章　内閣）」「第五章　司法（第六章　司法）」「第六章　会計（第七章　財政）」「第七章　補則（第一一章補則）」です（丸カッコ内が現憲法の文言）。合計七章。

両者の順番と骨子、つまり全体の構造は共通しています。特に、冒頭の第一章をそのまま天皇条項とし続けたことに大きな課題があります。天皇主権から国民主権へ、「現人神が主権者」という理念から「一人ひとりが主権者」という理念へ、構造上転換できていません。第一章は、現憲法の前文と第二章の強い結びつき、すなわち平和主義という大原則を分断しています。

付け加わった五章分に、現憲法の強調点があります。また、章や条項が引き継がれた場合も、条文の中で変更されている文言もあります。「第一章　天皇」条項に関する両者の異同について、政治制度という観点から考察します。

旧憲法で全一七条あった天皇条項が、現憲法では全八条に圧縮されています。削除された内容が約半分あることがわかります。以下の条文は完全に削除されています。

**第四条** 天皇が元首であること、天皇に統治権があること。

**第五条から八条** 天皇は法律や勅令を制定する立法権を持つこと。

**第九条から一〇条** 天皇は行政権、行政官の任免権を持つこと（第五条から一〇条までは、個別条文について必要に応じて後に取り上げて論じます）。

**第一一条から一四条** 天皇は陸海軍の総帥であること、宣戦布告、条約の締結、戒厳の宣告権限を持つこと。

自由民主党の改憲草案（二〇一二年）が、天皇の元首化や、国防軍、緊急事態条項の付け加えを掲げていることは、一度除外した文字を復古させようとしているのだという意図を示しています。

改変されたうえで存置された条文についても見てみましょう。ここでは大きな二つのかたまりを取り上げます。一つのかたまりは、第一条から第三条です。

**旧憲法　第一条**　大日本帝国ハ万世一系ノ天皇之ヲ統治ス

**第二条**　皇位ハ皇室典範ノ定ムル所ニ依リ皇男子孫之ヲ継承ス

**第三条**　天皇ハ神聖ニシテ侵スヘカラス

**現憲法　第一条**　天皇は、日本国の象徴であり日本国民統合の象徴であつて、この地位は、主権の存する日本国民の総意に基く。

**第二条**　皇位は、世襲のものであつて、国会の議決した皇室典範の定めるところにより、これを継承する。

旧憲法第一条と第三条を混ぜ合わせ、国民主権という観念で味付けされたのが、現憲法第一条です。天皇制は、万世一系という神話ではなく、「国民の総意に基く」と観念されています。しかし、世襲による皇位の継承を明記していますし、国民の総意を測る仕組み（たとえば選挙による選出）は存在しません。つまり、新旧二条は共通しています。鍵語は「皇室典範」という法律です。皇室典範については後述します。

旧憲法においても、天皇は国民統合の象徴でもありました。「神聖」という宗教用語は、「象徴」という意味も含みます。天皇主権から国民主権へという断絶は強調されますが、天皇が国民統合の象徴であり続けているという連続についても、留意する必要があります。明治国家は象徴天皇制国家でもあったのです。

二条には、二つの改正点があります。一つは「皇室典範」を国会の議決で定めるとしたことです。旧憲法第七四条は、「皇室典範ノ改正ハ帝国議会ノ議ヲ経ルヲ要セス」とします。国法二元主義と言います。[*38] 議会で制定する憲法以下の法律体系と別に、皇室典範を頂点とする法律体系があり、それぞれ別個に法制定が可能でした。たとえば皇室祭祀令や登極令などが皇室典範の下にありました。しかも、皇室典範のほうが憲法以下の法律よりも、上位にあったのです。現憲法第八条は、かつて皇室の財産の授受が、皇室典範に基づき皇室の任意でなされていたことの証左です。[*39] 現憲法は国法二元主義を廃し、[*40] 皇室典範が憲法よりも上位にあることを除外しました。[*41] しかし不徹底でした。まったく同じ法律名の「皇室典範」が憲法に明文存置されたので、たとえば「国民の総意」に基づいて「皇室法」（仮称）を新設し、皇族を主権者が規定することは困難になったからです。

もう一つの改正点は、「皇男子孫」という文言を削除したことです。現憲法は女性が天皇になることを排除していません。どんな人も性別によって差別されないからです（法の下の平等[*42]）。しかし現行皇室典範は、第一条で「皇位は、皇統に属する男系の男子が、これを継承する」と明記しています。憲法の改正趣旨と逆行する条文です。旧憲法から除外された文言が、うっすらと残っている（社会全体の精神風土として後押しされている）ために、法律のかたちで復古している例です。そして、実態として皇室典範のほうが、現憲法よりも優先され、女性天皇の可否についての議論は立ち消えになっています。国法二元主義もなくすことができていません。

もう一つのかたまりは、第一五条から第一七条です。

**旧憲法　第一五条**　天皇ハ爵位勲章及其ノ他ノ栄典ヲ授与ス

**第一六条**　天皇ハ大赦特赦減刑及復権ヲ命ス

**第一七条**　①摂政ヲ置クハ皇室典範ノ定ムル所ニ依ル

②摂政ハ天皇ノ名ニ於テ大権ヲ行フ

**現憲法　第五条**　皇室典範の定めるところにより摂政を置くときは、摂政は、天皇の名でその国事に関する行為を行ふ。

**第六条**　①天皇は、国会の指名に基いて、内閣総理大臣を任命する。

②天皇は、内閣の指名に基いて、最高裁判所の長たる裁判官を任命する。

**第七条**　天皇は、内閣の助言と承認により、国民のために、左の国事に関する行為を行ふ。

一　憲法改正、法律、政令及び条約を公布すること。

二　国会を召集すること。

三　衆議院を解散すること。

四　国会議員の総選挙の施行を公示すること。

五　国務大臣及び法律の定めるその他の官吏の任免並びに全権委任状及び大使及び公使の信任状を認証すること。

六　大赦、特赦、減刑、刑の執行の免除及び復権を認証すること。

七　栄典を授与すること。

八　批准書及び法律の定めるその他の外交文書を認証すること。

九　外国の大使及び公使を接受すること。

一〇　儀式を行ふこと。

旧憲法第一七条は、現憲法第五条とほぼ同じです。異なる点は、前者の「大権」（政治的権限）を、後者は「国事に関する行為」（国事行為と略される）に絞っていることです。*43 現憲法第七条一号から一〇号に列挙されている「国事に関する行為」の中に、旧憲法と連続しているものがあるかどうかを吟味します。

旧憲法第一五条・一六条は「爵位勲章」を除いて、それぞれ現憲法第七条六・七号にそのまま残っています。同一号は、旧憲法第六条「天皇ハ法律ヲ裁可シ其ノ公布及執行ヲ命ス」から、裁可と執行を除いたものです。

同二・三・四号は、旧憲法第七条「天皇ハ帝国議会ヲ召集シ其ノ開会閉会停会及衆議院ノ解散ヲ命ス」から、「開会閉会停会」を除いたものです。現在慣例として内閣総理大臣の専権事項とみなされている「衆議院の解散*44」については、旧憲法第七条をそのまま引き継いでいます。それが昨今の首相による解散権限濫用の遠因です。

同五号は、旧憲法第一〇条「天皇ハ行政各部ノ官制及文武官ノ俸給ヲ定メ及文武官ヲ任免ス」から「俸給」を除いたものです。

「認証」(同五・六・八号)という言葉が多用され、政治的権能を制約しているとはいえ、天皇の職務は、公文書の公布・認証や、行政官の任命式・認証式を行うこととして継続しています。現憲法第六条の内閣総理大臣と最高裁判所長官の任命も、それぞれ国会と内閣の指名に基づくもので天皇に人事権限はありませんが、天皇の任命という形式を継続しています。

同九・一〇号については、「天皇の職務」との関係で後述します。

旧憲法が規定する天皇の大権と、現憲法が規定する天皇の国事行為は、かなり連続しており、厳格な断絶はなされていません。「天皇の名」、つまり権威が国家権力によって大いに利用されています。ここに「立憲君主制」の限界と問題があります。どんなに天皇の権能を縮小させても、決してゼロにはなりません。何かしらの役割なしには存置の理由が立たなくなるからです。そして天皇に多少でも職務を付与するならば、たちまち何らかの影響を国政に及ぼしてしまうのです。その最も重大な影響は、「天皇の名」による戦争の遂行です。

君主という貴族は、その存在から得体の知れない「ありがたみ」を発してしまうものです。それを「権威」と呼ぶこともできるし、「悪しき宗教性」と呼ぶこともできるでしょう。いかに憲法で縛ろうとしても、君主のありがたみを拘束することができません。このありがたみは、政治権力も、また天皇自らも利用することができます。だから立憲君主制は、民主政治体制を内部から破壊するリスクを常にはらんだ政治制度だと言えます。

あるいは、立憲君主制は、君主制から共和制に移行する過渡的な政治制度だとも言えます。日本は、君主の権力が非常に強い立憲君主制から、君主の権力が比較的弱い立憲君主制に移行しました。君主の権力をゼロにする共和制へと向かうのが歴史の潮流です。

## ◆日本国憲法における天皇制
### 憲法内部の矛盾

現憲法第一章、すなわち第一条から八条までの天皇条項は、現憲法内の矛盾です。現憲法の三大原則のうち、主権在民（国民主権）と基本的人権の尊重に矛盾します。

現憲法は主権が国民に存在することを明記しています。[*45] 天皇は国民の一人です。[*46] 主権者である天皇は、はたしてその主権を行使することができるのでしょうか。たとえば天皇も憲法制定権者の一人として憲法私案を発表できそうなものです。「正当に選挙された国会における代表者を通じて行動[*47]」すること（つまり投票行動や請願）もできそうなものです。しかし、「国政に関する権能を有しない[*48]」ことの拡大解釈として、主権者としての当然の振舞いが制限されています。

天皇制は世襲です。皇族という貴族の存在は、法の下の平等を謳う現憲法第一四条二項に抵触します。「華族その他の貴族の制度は、これを認めない。」同第三〇条は「国民は、法律の定めるところにより、納税の義務を負ふ」としていますが、天皇夫妻と皇太子夫妻・皇族の生活費にあたる内廷費・皇族費には所得税はかかりません。他の公務員よりも所得税分を優遇されている「貴族」です。「貴族」の特権として国有地に無償で居住しています。

皇族には、内心の自由、信教の自由、結社集会の自由、表現の自由（政治的意見表明も含む）、居住の自由、移転の自由、職業選択の自由、婚姻の自由、勤労者の団結権・団体交渉権・団体行動権等[*49]が保障されていません。あるいは著しく制約されています。定年制が敷かれていないこと、それも含めて自らの労働条件について労働争議を起こせないこと、しかも自らの職業を選ぶ自由がないことなどが相まって、労働者としての天皇の境遇は不当であり過酷です。天皇にも「侵すことのできない永久の権利として」[*50]「個人として尊重される」[*51]幸福追求権を、現憲法は保障しているはずです。しかし天皇には、「この憲法が国民に保障する自由及び権利」[*52]を保持するための「不断の努力」[*53]そのものが禁じられているのです。

天皇をはじめとする皇族に対する人権侵害を改めるためには、天皇制を憲法の条文から外すという憲法改正が必要です。それは、主権在民・基本的人権の尊重という原則を掲げる現憲法の基本理念に沿うものです。そしてそれは、人間を人間らしく解放する救済行為です。

君主制は君主自身をも非人間化してしまいます。「男らしさ」を男性に強要する男性優位の男性中心社会が、虐げられる女性たちに対してだけではなく、「男らしくない」男性たちにとっても不幸で生きづらい社会であることに似ています。立憲君主制は、専制君主制よりも特権を持つ君主が縛られている点である種の公平感を与えます。しかし真に平等な制度ではないということを理解しなくてはいけません。自粛ムードや祝賀ムード、あるいは皇族情報を娯楽として愉しむ消費者感覚に抗するためには、感覚的な嫌悪や危惧ではなく、制度としての課題を冷静に語り合うべきです。

## 天皇の職務

天皇は公務員です。[*54]「象徴[*55]」という職務を行う「全体の奉仕者[*56]」です。憲法上、象徴という職務は、第七条一号から一〇号までの「国事行為」に限られます。そのうちの九号・一〇号は、現憲法のみに付け加えられた職務であり、旧憲法には存在しない条文です。

九号は「外国の大使及び公使を接受すること」です。ここに「皇室外交」なるものの根拠があります。しかし、皇室外交が実際の外交に好影響（ないしは悪影響）を及ぼすのであれば、それは「国政に関する権能」に当たります。外国の大使や公使も、天皇を元首とみなしている場合もあります。九号の職務は、除いたはずの天皇が元首であるとの仕組みを呼び戻す効果を持っています。「天皇が謝罪すれば外交問題が解決する」という外国の理解は、天皇が元首として理解され、外交の一部を担っていることを別方角から裏付けているように思えます。実際、天皇は外国で大使・公使的に接受されています。

九号が新設されたことは、「公的行為」なるものの任意の増大という問題と関わります。「象徴」という職務を拡大解釈して、天皇自らが定義をし、憲法第七条列挙事項以外の職務を行うことが、現天皇明仁のもと横行しています。たとえば、被災地の慰問の旅や、遺骨収集、戦没者慰霊の旅などです。「天皇の職務は国民に寄り添うことである」との考え方は、天皇の職務を国事行為にのみ限定しようとしている憲法の趣旨に適合しません。公的行為なるものを看過し、「天皇は良い人だ」との印象操作に加担してはいけないのです。「悪い人」であっても成り立つものが、政治制度として優れています。

現天皇明仁は、大手報道を用いて自身の退位の意思を広く主権者に示しました。公的行為以上の逸脱です。この発言が国政に影響を与え、「生前退位」のための特別法を制定する運びになりました。報道機関を通じて直接に政治的意思表明を行うことは、現在の法体系の中では憲法違反です。しかも彼の発言は国会の立法行為に強い影響を与えました。彼は実質的に憲法の禁じている「国政に関する権能を有し」[*57]ています。それゆえに、憲法第九九条の公務員の憲法遵守尊重義務にも違反しています。

時折「リベラル」と目されるような人々から聞かれる、「護憲の現天皇明仁によって安倍政権の改憲/壊憲の流れを食い止めよう」というような主張は、事実誤認に基づく、歪んだ言説です。現天皇明仁は違憲行為を繰り返しているし、天皇に政治的権能を認めたうえで現政権を批判させることは、日本国憲法の制定趣旨に反します。

一〇号は「儀式を行ふこと」です。天皇が国事行為として行うことができるとされる範囲が、政教分離原則[*58]との関係で大いに問題となります。「国家儀礼」は、特定の宗教の様式に則ってはいけません。国家儀礼においていくつかの宗教様式を混在させるか、まったく既存の宗教色を打ち消すかしなければ、国が一つの宗教を後押ししたり、その他の宗教を持つ人を圧迫したりすることになります。皇族の宗教である「神道(の一種)」様式のみが「公の宗教」「国家の宗教」とされることが問題です。

皇室典範は、二つの「儀式」を明文化しています。

**第二四条**　皇位の継承があったときは、即位の礼を行う。

**第二五条**　天皇が崩じたときは、大喪の礼を行う。

即位の礼と大喪の礼は、憲法の定める「儀式」＝国事行為であるという理解のもと、皇室典範に残されているわけです。

現皇室典範には、大嘗祭についての明文規定がありません。あまりにも神道色が強いので、旧皇室典範から除かれたのです。*59 これも除いたはずが前回の代替わり（一九八九年）に実態として復古させられ、今回の代替わり（二〇一九年）にも皇室の行事として行われる予定です。国事行為ではなくても、どちらも同じ血税からの支弁であり、どちらも宮中で行われます。「宮廷費ではなく内廷費の範囲内でつつましく行う」*60 ならば、違憲性が薄まるというものでもありません。

神道色という点では、「礼」などという神道用語を用いている時点で、即位の礼も大喪の礼も神道儀式そのものです。政教分離原則は、程度問題ではありません。どの程度までが習慣として許容されるかという議論は、目盛のない定規で測るようなものです。*61 つまり現皇室典範第二四条・二五条は違憲立法です。

そう考えると、天皇が「神の一族」の長として、日常宮中で行う「皇室祭祀」という神道儀礼そのものが憲法違反です。祭祀王である天皇を、公務員として政教分離原則を定めた憲法の枠の中に収めることそのものが論理的に破綻しています。「天皇の職務は国民のために祈ることである」との考え方は、実はその祈りが宮中で行われる神道式の祭祀の一部であるゆえに、憲法に抵触します。敗戦により皇室祭祀令は廃止されましたが（一九四七年）、「至聖所」である宮中三殿で、今もずっと天皇は皇室の私事として皇室祭祀を行っています。除いたはずのものは、密かに連綿と続いています。

国事行為と解される即位の礼・大喪の礼だけではなく、皇室にとって一大「私事」である大嘗祭だけでもなく、日常的皇室の「私事」である皇室祭祀も、政教分離原則に触れ、ひいては皇族以外の人々の信教の自由を脅かしています。皇族のみが、国有地を無償で使わせてもらい、宗教施設を税金で維持させてもらい、所得税を払わない公務員によって宗教行為を行っています。このような宗教団体は他にないのですから、現状は憲法第二〇条・八九条に違反している状態です。いや、より正確には一九四七年五月三日の日本国憲法施行の時から今に至るまで、違憲状態が続いていると言うべきです。

伝統的な「護憲派リベラル対改憲派保守」という硬直化した図式に、筆者は居心地の悪さを感じています。一旦「護憲派」になると、天皇条項を含めた部分まで擁護しなくてはならなくなるからです。それが一時の方便だとしても、自らの良心に対して不誠実な態度です。「文字は殺し、霊は生かす」ゆえに、思考停止をしないで聖書信仰・聖霊信仰に基づいて、憲法の条文にも批判のメスを入れるべきです。自分にとって何が憲法改正に当たるのか、何が憲法改悪と言えるのか、自分の頭で考え、異見を持つ他者と大いに論じ合いたいものです。そうして草の根から多数派を形成して、何度でも自分の考える「憲法改正」に挑戦していくことが、憲法制定権者である主権者に求められる努力です。

## 三　まとめ

天皇制の神学的批判は、しばしば「偶像礼拝禁止」との類比で行われます。君主は神の位置になりやすいものです。それは立憲君主制の一種である象徴天皇制であっても当てはまります。この批判的立場を貫くならば、憲法を改正して立憲君主制を廃止することを主張するのが筋です。現憲法の枠内で、合憲の範囲内の天皇の職務を探り、天皇制とともに政教分離原則を実現することは、らくだが針の穴を通るよりも難しいことだからです。

天皇制を憲法の条文から削除するためには、歴史を見渡す大きな構想力と膨大な放談と丁寧な合意形成が必要です。その後の政治体制はどのようなものとなるのでしょうか。以下、議論を誘発するために記します。

＊立憲君主制から共和制に移行する。
＊日本国から「日本共和国（Republic of Japan）」（仮称）に国名を変更する。
＊日本共和国憲法（仮称）から天皇条項を削除する。
＊宮内庁を廃する。宮内庁職員は別の部署に配置転換する。個人としての職員は「天皇教」（仮称、後述）の信徒になりうる。
＊皇室典範を廃する。皇族に対する特権を剝奪し、各個人を個人として尊重する。
＊天皇を代表役員とする宗教法人「天皇教」（仮称）を新設する。天皇は自らの信仰に基づいて祈る自由を持つ。皇族の各個人は、「天皇教」の信徒にならない自由も得る。
＊天皇をはじめ皇族に基本的人権を付与し、勤労・納税の義務を課す。
＊戸籍制度を廃する。個人は「皇統譜」等、自らの系図を作成する自由を持つ。
＊国の「象徴」を要すると主権者が判断する場合には、政治的権能を有さない「大統領」を選挙で選出することとする（任期あり）。

国内において民主化を推し進めながら、国際連合の制度改善にも努力します。

＊五大国（米・ロ・英・仏・中）の特権を剝奪し、「王朝」をやめさせる。

＊加盟国全体にとって公正・平等な理事国選出の方法を定める。

＊日本国憲法第九条の内容を国際連合憲章に書き込み、すべての武器の保持と武力行使を違法とする。

＊加盟国共通の税制を制定し、金持ちの国境をまたいだ脱税を許さない。

なお、政治制度を改善していくためのささやかな試みとして、筆者の関わる「公正・平等な選挙改革にとりくむプロジェクト（とりプロ）」（URL・https://toripuro.jimdo.com/）も参照していただければ幸いです。

## 注

1 命名は筆者による。筆者は二〇一八年八月以降、この日程での改憲の可能性について指摘してきた。理由は、①選挙運動期間と重ならないこと（統一地方選後でありかつ参議院選挙運動期間よりも前）、②六〇～一八〇日間と規定されている国民投票運動期間を確保できることの二条件を満たしているから。『憲法改悪を許さない私たちの共同アクションニュースレター五一号』（二〇一九年一一月七日日本バプテスト連盟、拙稿参照。

2 サムエル記第二、七章。

3 列王記第二、一一章。

4 列王記第一、五～九章。

5 列王記第一、四章。

6 列王記第一、一二章。

7 列王記第一、一二章一六節。

8 士師記二一章二五節等。

9 出エジプト記二四章。

10 申命記一八章一五節。

11 申命記三四章九節。

12 士師記九章。

13 ユダ部族出身の士師は、大士師ではオテニエル（士師記三章七～一一節）、小士師ではイブツァン（士師記一二章八～一〇節）のみ。

14 サムエル記第一、八章。

15 列王記第一、一七章以下。
16 列王記第一、一八章二一、三九節。
17 列王記第一、一六章二九〜三三節。
18 ホセア書一〜二、五、七〜一〇、一三〜一四章。
19 アモス書三〜八章。
20 ホセア書四章二節、エレミヤ書七章九節。
21 列王記第二、二三章一〜四節。
22 エレミヤ書二七〜二八章等。
23 最古の預言書であるアモス書の冒頭は諸外国への審判。アモス書一〜二章。
24 イザヤ書一〇章五節等。
25 マルコの福音書一二章三五〜三七節とその並行箇所。
26 マルコの福音書一章九〜一五節とその並行箇所。
27 マタイの福音書一章一八節、ルカの福音書一章三五節。
28 マルコの福音書一〇章四二〜四五節。
29 マルコの福音書一一章一五〜一八節。エレミヤ書七章一一節の引用にも注意。
30 マルコの福音書八章一五節。
31 ルカの福音書七章二六節とその並行箇所。
32 ヨハネの福音書一八章三三〜三八節。
33 エズラ記一章二〜四節とその並行箇所。
34 詩篇九三篇一節、九六篇一〇節、九七篇一節、九九篇一節。
35 列王記等「歴史文学」においては、たとえば「レハブアム王の第五年」（列王記第一、一四章二五節）のように表記される。生前退位する王はほとんどいない。一世一元の元号とまでは言えないまでも、王が領土内の時間の基準であるという考え方は類似する。
36 伊藤真『高校生からわかる日本国憲法の論点』（二〇〇五年）トランスビュー、三四頁以下。
37 辻村みよ子『憲法』（二〇一六年第五版）日本評論社、二〇頁以下。
38 同書、二二頁。
39 日本国憲法第八条「皇室に財産を譲り渡し、又は皇室が、財産を譲り受け、若しくは賜与することは、国会の議決に基かなければならない。」
40 日本国憲法第四一条「国会は、国権の最高機関であつて、国の唯一の立法機関である。」
41 日本国憲法第九八条「この憲法は、国の最高法規であつて、その条規に反する法律、命令、詔勅及び国務に関するその他の行為の全部又は一部は、その効力を有しない。」
42 日本国憲法第一四条。
43 日本国憲法第三条「天皇の国事に関するすべての行為には、内閣の助言と承認を必要とし、内閣が、その責任を負ふ。」同第四条「天皇は、この憲法の定める国事に関する行為のみを行ひ、国政に関する権能を有しない。」
44 いわゆる「七条解散説」。
45 日本国憲法前文「ここに主権が国民に存することを宣言し」、同第一条「主権の存する日本国民の総意に基く。」
46 日本国憲法第一〇条をめぐって、主権者である日本国民の要件が何かについての議論はあるが、ここでは割愛する。
47 日本国憲法前文。
48 日本国憲法第四条。

49 日本国憲法第一九条から二八条の抜粋的要約。
50 日本国憲法第一一条。
51 日本国憲法第一三条。
52 日本国憲法第一二条。
53 同上。
54 日本国憲法第九九条。
55 日本国憲法第一条。
56 日本国憲法第一五条二項。
57 日本国憲法第四条。
58 日本国憲法第二〇条、第八九条。
59 旧皇室典範第一一条「即位ノ禮及大嘗祭ハ京都ニ於テ之ヲ行フ」
60 秋篠宮文仁の発言要旨。彼はその持論を、「国民の理解を得るため」という目的で語り、憲法適合性には言及しなかった。むしろ大嘗祭を行うことに意欲も示している。後述の天皇明仁の報道利用と似た手法でもあるので、彼の行為も違憲の疑いが強い。
61 最高裁判例に頻出する「目的効果基準」に筆者は反対の立場である。

# 天皇の生前退位

日本同盟基督教団・横浜上野町教会　牧師　柴田智悦

## Ⅰ　天皇の代替わり儀式

二〇一六年八月八日のいわゆる天皇のビデオメッセージによって、国政に関する権能を有さない象徴天皇の発言にもかかわらず、皇室典範特例法が制定され（巻末資料一）、天皇の生前退位が決定しました。そして、皇位継承に伴い儀式が行われます。式典準備委員会が決定した代替わり前後の儀式、行事は以下のとおりです。

**二〇一九年二月二四日**　在位三〇年記念式典（内閣の行事）…在位三〇年を記念し、祝賀する

**四月三〇日**　退位礼正殿《たいいれいせいでん》の儀（国事行為）…退位を広く明らかにし、退位前に国民

の代表に会う

**五月一日**　剣璽等承継《けんじとうしょうけい》の儀（国事行為）…三種の神器のうち剣と璽《じ》（勾玉）、国璽《こくじ》、御璽《ぎょじ》を引き継ぐ

**五月一日**　即位後朝見《そくいごちょうけん》の儀（国事行為）…即位後初めて三権の長らに会い、即位を宣言する

**一〇月二二日**　即位礼正殿の儀（国事行為）…高御座《たかみくら》に立ち、国内外の賓客に即位を宣明する

**一〇月二二日**　祝賀御列の儀（国事行為）…パレードで国民の祝福を受ける

**一〇月二二日～数日間？**　饗宴《きょうえん》の儀（国事行為）…国内外の賓客に即位を披露する祝宴

**一〇月二三日**　首相夫妻主催夕食会（内閣の行事）…来日した外国元首らに謝意を表する食事会

**一一月一四～一五日**　大嘗祭《だいじょうさい》（皇室行事）…即位後初の新嘗祭《にいなめさい》（新穀を供え、国の安寧や五穀豊穣を祈る）

**二〇二〇年**　立皇嗣《りっこうし》の礼（国事行為）…秋篠宮が皇嗣（皇位継承の第一順位にある者）となったことを広く明らかにする

## Ⅱ　即位の礼

即位の礼とは、天皇が地位を継承したことを内外に示す一連の儀式を言います。天皇が宮中三殿（巻末資料二～四）――皇居の吹上《ふきあげ》御苑にある賢所《かしこどころ》（神鏡《しんきょう》が安置され、天照大神を祀っている）、皇霊殿《こうれいでん》（歴代天皇の神霊を祀っている）、神殿（八百万の神と天神地祇を祀っている）の総称――に祀られている神々に即位の礼を行うことを告げる「賢所・皇霊殿・神殿に期日奉告の儀、伊勢神宮・天皇陵等に勅使発遣の儀」で始まり、「即位礼・大嘗祭後賢所御神楽の儀」で終わる、宮中祭祀を中心とした三十以上の儀式が一年にわたって続きます（巻末資料五）。

新天皇即位に伴う一連の行事・儀式の費用として計一四四億円が二〇一九年度予算案で閣議決定されました。二〇一八年度予算に計上された即位関連費や二〇年度予算などに盛り込む費用を含めると、総額一六六億円となる見込みです（一九九〇年の「即位の礼・大嘗祭」の費用は一二三億円）。

天皇の即位儀式は、古くは「践祚《せんそ》・即位の礼・大嘗祭」の三つからなり、旧皇室典範（一八八九年）で成文化され、登極令（一九〇九年）で施行細則が定められました。敗戦後GHQは神道指令（一九四五年）で国家神道体制を解体し、新憲法（一九四六年）のもとでの新皇室典範の規定は「即位の礼」だけを残して、践祚・大嘗祭を廃止しました。しかし、「皇位の継承があったときは、即位の礼を行う」(二四条)と規定されているだけで、具体的な方法は定められていません。

古代天皇制における「代替わり儀式」は、天皇の権力のあり方や、その時代の支配的思想(宗教)によって変化してきました。しかし、現政権が「皇室の伝統」として行おうとしている「代替わり儀式」は、明治以降にかたちづくられた新しいものにすぎません。

## ◆剣璽等承継の儀

皇室典範(一九七四年)では、天皇が死去した場合「皇嗣が直ちに即位する」(四条)とだけ規定していますが、旧皇室典範では「天皇崩スルトキハ皇嗣即チ践祚シ祖宗ノ神器ヲ承ク」(一〇条)としていました。一九八九年一月七日、昭和天皇死去の直後、皇太子明仁は天皇に即位し、皇居「松の間」で国の儀式として「剣璽等承継の儀」を行い三種の神器、および御璽(天皇の印)、国璽(日本国の印)を承継しました。天皇の皇室祭祀権を世襲する行為を国事行為として行ったことは、現日本国憲法の象徴性を越権しており、また明白な政教分離違反と指摘されています。

ちなみに、「三種の神器」とは、歴代天皇が皇位の印として継承してきたと言われている神話に基づく鏡（八咫鏡《やたのかがみ》・本体は伊勢神宮）、剣（草薙剣《くさなぎのつるぎ》・本体は熱田神宮）、玉（八尺瓊勾玉《やさかにのまがたま》・本体は皇居御所の剣璽の間）のことを言います。

　天皇が一泊以上の旅行をするときは、侍従が剣と勾玉を捧げ持ち随行しています（剣璽動座《けんじどうざ》と言い、戦後は神宮参拝時に限定されています）。また、「国璽」は、大日本帝国時代のものが

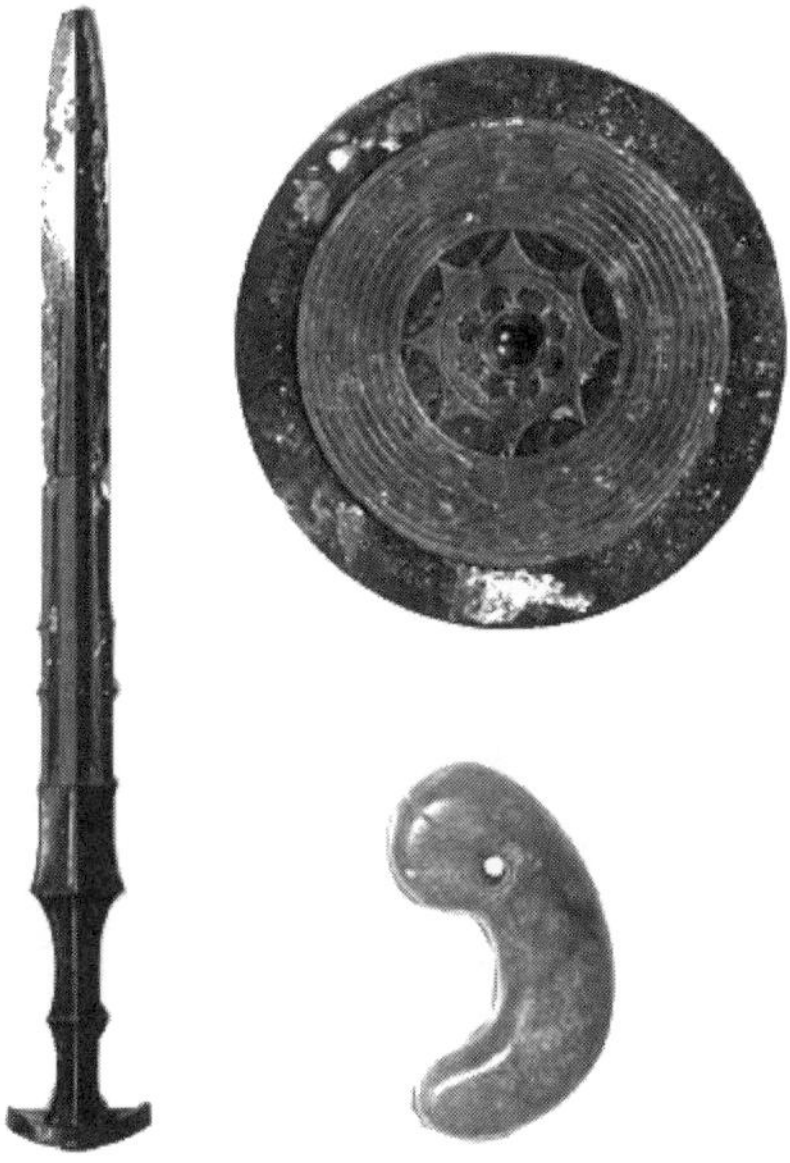

三種の神器（予想図）
左端・草薙剣、右上・八咫鏡、右下・八尺瓊勾玉

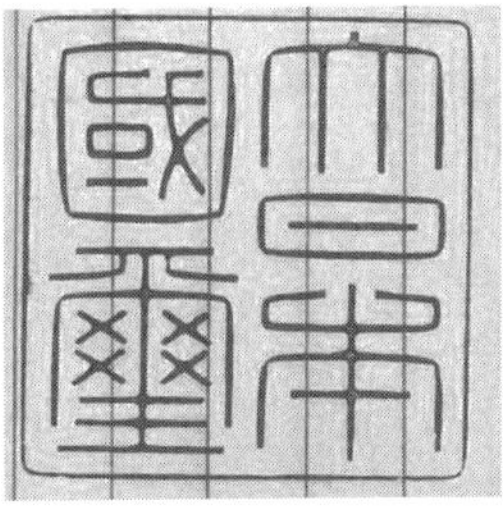

国璽・現用のものは1874年（明治７年）に作製された約9センチ四方の金印。現在は勲記だけに用いる。

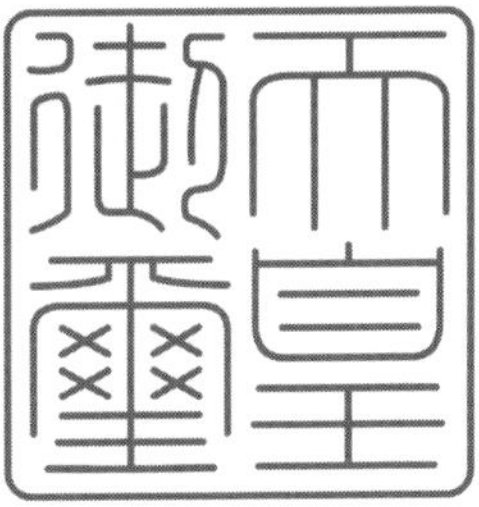

御璽・令制では方3寸の銅製で、「天皇御璽」の4字を篆刻する。

用いられており「大日本国」と彫られています。

## ◆即位礼正殿の儀

奈良時代、天皇は「高御座《たかみくら》」について初めて「現神御宇天皇《あきつみかみとしろしめすすめらみこと》」と宣言し、皇祖神と同じ立場にあると考えられました。高御座は八角形、三層、約六・五メートル四方、高さ約一・三メートルの段の上にあります。皇后用は一回り小さく「御帳台《みちょうだい》」と呼ばれます。即位礼関連儀式の予算として、一六億五〇〇〇万円が計上されており、そのうち京都御所紫宸殿《ししんでん》にある高御座の輸送・修繕費用、装束の新調に一〇億四〇〇〇万円が充てられます。

前回、過激派が高御座を攻撃対象としたため、輸送には自衛隊のヘリコプターが使用されました（一九九〇年五月二九日）が、「今回は当時と情勢が異なり、平穏になった」（宮内庁）として、美術品を扱う民間業者がトラック八台に積んで（約三千の部材に解体され、二百五十個ほどの荷物に梱包）、二〇一八年九月二六日に移動しました。

即位礼正殿の儀で、新天皇が登壇する高御座。

天皇が高御座に立って即位を宣言するということは、「天照大神が皇孫瓊瓊杵命《ににぎのみこと》を天つ高御座につけ、神器を授け、我が国を統治する」という神話に由来しますから、天皇が世界に君臨する「天子」であることを意味し、神話に基づいた宗教性を持ちます。[*1] 明仁天皇の代替わり儀式に対して、「政教分離」「国民主権」の憲法に違反するとして全国で以下のような裁判が起こされました。[*2]

**最高裁判決**

**＊大分県主基斎田抜穂《すきさいでんぬいぼ》の儀参列違憲訴訟**・主基斎田[※]抜穂の儀に県知事が出席したことの違憲性を問う住民訴訟（※斎田＝大嘗祭に供奉する新穀を栽培する田のこと）

**＊鹿児島県大嘗祭参列違憲訴訟**・県知事の大嘗祭出席の違憲性と費用の返還を求めた住民訴訟

**＊神奈川県即位儀式・大嘗祭参列違憲訴訟**・主権者県民の代表である県知事が即位礼大嘗祭に参列、一・三メートルも下位から天皇を仰ぎ見てバンザイを叫んだことなどの違憲性を問う住民訴訟

**＊東京即位礼大嘗祭違憲訴訟**・都知事の宗教儀式参列、都主催奉祝式典、献上品、植樹、花電車など五一二〇万円の支出の返還と違憲性を問う住民訴訟[*3]

いずれも、知事等の参列は目的効果基準に照らし、政教分離原則に反しないとして全面敗訴

しました。

高裁判決

＊**大阪即位礼大嘗祭違憲訴訟**・宗教儀式に国が関与したことの違憲判断と公費返還、賠償を求めた国賠訴訟。大阪高裁判決で、大嘗祭について「少なくとも国家神道に対する助長、促進になるような行為として、政教分離規定に違反するのではないかとの疑義は一概に否定できない」、即位の礼について「政教分離規定に違反するのではないかとの疑いを一概に否定できない」「国民を主権者とする現憲法の趣旨に相応しくないと思われる点がなお存在することも否定できない」との指摘はありましたが敗訴しています。[＊4]

## ◆大嘗祭

大嘗祭とは、天皇が即位後、初めて行う新嘗祭のことを言います。大嘗宮《だいじょうきゅう》が造営され、悠《ゆ》紀《き》殿及び主基殿において、悠紀斎田・主基斎田から取れた新穀の飯や酒などを皇祖及び天神地祇に供え（神饌《しんせん》の儀）、新天皇自らも食し（共食の儀）、国家・国民のためにその安寧と五穀豊穣などを感謝し、祈念する儀式です。新天皇は、大嘗宮に敷かれた神座で衾《ふすま》にくるまり天照大神を迎え（襲衾《おぶすま》の儀）、天皇霊を身に受けることによって神になるとされています。

大嘗祭は、このような一連の儀式を通して現人神を生み出す宮中祭祀の中心的宗教儀式であり、天皇が自ら祭主として執り行う一世一代の大祭です。大嘗祭は皇室の行事とされますが、大嘗祭経費は予算二七億一九〇〇万円の国費が用いられ（一九九〇年時より四・七億円増）、内、大嘗宮造営関連費用は約一九億円です（一九九〇年時より四・五億円増、使用後は解体・撤去されます）。これらに国費が充てられていることは政教分離違反と指摘されています。

敗戦まで、宮中祭祀は国の祭祀でした。一八七一年の太政官布告によって、「神社は国家の祭祀」とされ、宮中祭祀も一九〇八年に「皇室祭祀令」によって定められました。敗戦後、GHQによって国家神道は解体され、「神道指令」によって国家の祭祀であった神社は「宗教法人神社本庁」に位置付けを変えました。

それに伴い、宮中祭祀は宮内省から宮内庁へと移行され、旧皇室典範も廃止され、全面改訂された皇室典範は一般法となり、皇室祭祀令も廃止されました。ところが、宮内庁は内部通帳を出し、「新たに明文規定がなくなった事項については、旧皇室令に準じて実施すること」としており、依然として旧皇室令に基づいた宮中祭祀が行われています。戦後の宮中祭祀は、「天皇家の祭祀」という位置付けでありながら、その費用は皇室経費の内廷費（天皇及び内廷皇族の生活費）から支出されています。

秋篠宮は、二〇一八年一一月三〇日、自身の誕生日に先立つ会見で大嘗祭への公金投入に懸念を示し、「宗教色が強いものを国費で賄うことが適当かどうか。内廷会計（内廷費）で行うべきではないか」と述べました。これも明らかに政治的発言ですが、好意的な受け止められ方が多かったようです。[*5] しかし同時に、「大嘗祭自体は絶対にすべきもの」と言っていますから、私的行為とされる宮中祭祀には、外部からの介入を許さないという意思の表明ではないかとも言われています。[*6]

## Ⅲ　問題点

### ◆憲法から

かつて大日本帝国憲法において第一章は天皇条項でした。第一条「大日本帝国ハ万世一系ノ天皇之ヲ統治ス」、第三条「天皇ハ神聖ニシテ侵スヘカラス」と天皇を現人神として神格化し、第四条「天皇ハ国ノ元首ニシテ統治権ヲ総攬《そうらん》シ此ノ憲法ノ条規ニヨリ之ヲ行フ」と、天皇が三権を掌握し、国の主権を持つとされていました。現行の日本国憲法も第一章が天皇条項ですが、かろうじてその地位も国民主権に基づくとしています。つまり、天皇には主権がありません。

**第一条**　天皇は、日本国の象徴であり……、この地位は、主権の存する日本国民の総意に基く。

天皇は主権者である国民の総意に基づき、象徴の地位にあるにすぎません。ただ、天皇条項が第一章にあるのは国民主権の民主主義に反するとも言えますが、あくまで天皇の権能は制限的なものにすぎないのです。第三条では「天皇の国事に関するすべての行為には、内閣の助言と承認を必要とし、内閣が、その責任を負ふ」とされ、六条と七条で天皇の行為が列挙され、国事行為は十に限られており、天皇は国政に関する権能を持ちません。つまり、天皇の公的役割は自分の意思ではなく、形式的儀礼的に国事行為を国家機関によって行うのみなのです。それが象徴としての本来のあり方です。

ところが、二〇一六年八月八日の明仁天皇によるビデオメッセージによって、「生前退位」という異例の事態が認められ、天皇の代替わり儀式が決定してしまいました。そもそも天皇の使命は、皇位の継承にあります。今回の生前退位も、「これからも皇室がどのような時にも国民と共にあり、相たずさえてこの国の未来を築いていけるよう、そして象徴天皇の務めが常に途切れることなく、安定的に続いていくことをひとえに念じ、ここに私の気持ちをお話しいたしました」と結んでいますように、国民のためというより、結局は皇位の継承という「天皇家の事情」を滞りなく行うために出された発言だったのです。

しかも、「生前退位」を考えたのは、「次第に進む身体の衰えを考慮」すると「重い務めを果たすことが困難になった場合、どのように身を処していくことが」「良いことであるかにつき、考えるように」なったからです。

さらに、その「務め」とは、憲法で定められた国事行為だけではなく、「象徴的行為」という行為、具体的には「遠隔の地や島々への旅」「国内のどこにおいても、その地を愛し、その共同体を地道に支える市井の人々のあることを私に認識させ、私がこの認識を持って、天皇として大切な、国民を思い、国民のために祈るという務め」のためです。そのような「象徴的行為（＝公的行為）」が続けられないから「生前退位」を考えたのです。[*7] しかし、「象徴的行為」「公的行為」は憲法に定められておらず、かえって憲法第一条では、天皇の「この地位は、主権の存する日本国民の総意に基く」と規定されていますから、今後の天皇制をどうするか決めるのは、本来、主権者である国民であって天皇個人ではありません。したがって、これは、明らかに明仁天皇の政治的発言・介入であり、憲法違反と言えます。

こうして、天皇メッセージによって翌二〇一七年六月九日「天皇の退位等に関する皇室典範特例法」（巻末資料二）が成立し、[*8] 二〇一九年には天皇の代替わりにまつわる一連の儀式が行われることになりました。新天皇を神格化する神道行事の大嘗祭も、皇室行事として行われますが国費が充てられます。一連の儀式はどれも宗教儀式と考えられ、政教分離違反であり、私たちの信教の自由を侵害しています。前回の大嘗祭のときには、広く教派を超えて諸教会が協力し、大嘗祭の国家行事化に対し抗議を表明しましたが、今回は、そこまでの盛り上がりに欠けています。キリスト教会も天皇を再び神格化する社会的雰囲気に巻き込まれ、社会的発言に消極的になりつつあるのではないでしょうか。

しかも、現在提出されている自民党憲法改正草案前文は、「日本国は……国民統合の象徴である天皇を戴く国家」と謳い、第一条は「天皇は、日本国の元首」としています（一応「日本国及び日本国民統合の象徴であって、その地位は、主権の存する日本国民の総意に基づく」となってはいますが）。さらに、第三条で国旗国歌条項、第四条に元号条項が規定されています。議論の中にある第九条も含めて、明治憲法への回帰現象が起こっています。[*9]

## ◆信仰面から

私たちキリスト者は、唯一の神である主以外の存在を神としません。しかしながら、かつて戦前、戦中、その唯一の神である主と並べて天皇を拝み、神社を参拝し、植民地とした韓国にまで行って神社参拝は国民儀礼であると主張しました。それでも韓国においては、それは十戒の第一戒と第二戒に反するとして、神社参拝を拒否するキリスト者がおり、五十人が殉教し、二千人が投獄され、二百の教会が閉鎖されたと言われています。

そのように、天皇が神格化されることによって、あらゆる批判が封じられ、人権が抑圧され、アジアに対する侵略戦争が天皇の名によって正当化されました。この反省が、憲法第二〇

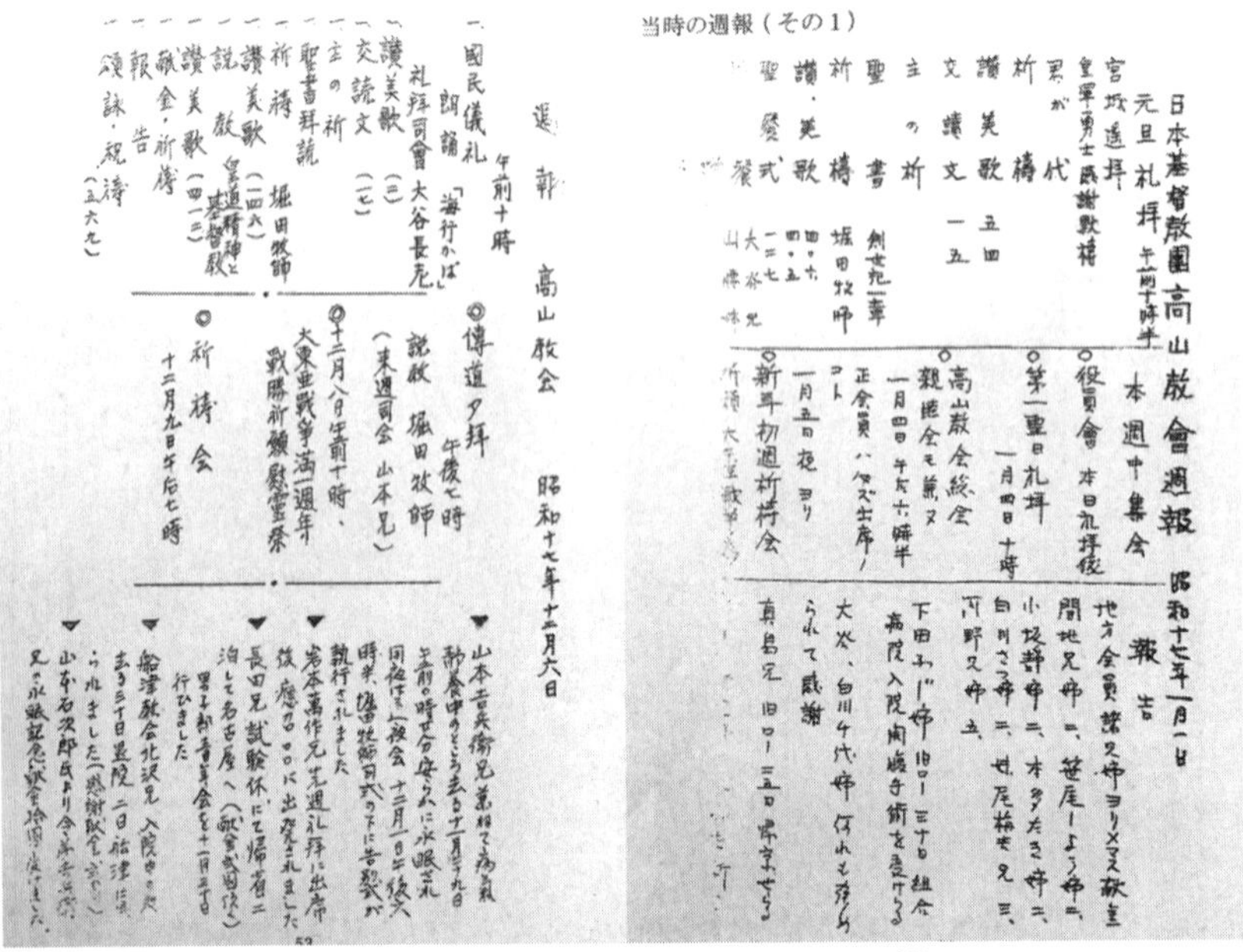

当時の週報（その1）

日本基督教團高山教會週報　昭和十七年一月一日

元旦礼拝　午前十時半

宮城遥拝

皇軍勇士感謝黙禱

君が代

祈禱

讃美歌　五四

交讀文　一五

主の祈

聖書　創世記一章

祈禱　堀田牧師

讃美歌

聖餐式

本週中集会

◎役員會　本日礼拝後

◎第一聖日礼拝　一月四日　十時

◎高山教会総会

◎新年初週祈禱会

報告

週報　高山教会　昭和十七年十二月六日

午前十時

一、國民儀礼　朗讀「海行かば」　礼拝司會　大谷長老

一、讃美歌（三）

一、交讀文（七）

一、主の祈

一、聖書拝讀

一、祈禱　堀田牧師

一、讃美歌（四六）

一、説教　皇道精神と基督教

一、讃美歌（四一三）

一、献金・祈禱

一、報告

一、頌詠・祝禱（五六七）

◎傳道夕拝　午後七時　説教　堀田牧師　（来週司会　山本兄）

◎十二月八日午前十時、大東亜戦争満一週年　戦勝祈願　慰霊祭

◎祈禱会　十二月九日午后七時

戦時下における日本同盟基督教団高山教会の週報[*10]（1942年）

条の政教分離原則において明文化されたのです。時代は新しく移り変わりますが、天皇を神格化するような流れも感じます。現政権があまりにもひどいので、護憲派からも現在の天皇の人気は高いものがあります。あたかも昭和天皇の代わりに、追悼の旅に諸外国に出かけているように受け取られることもあります。しかし、現天皇が、昭和天皇の戦争責任を謝罪することは決してありません。

　また、大嘗祭は、天皇を神格化することであって、「あなたには、わたしのほかに、ほかの神々があってはならない」「あなたは、自分のために、偶像を造ってはならない。……それらを拝んではならない」（出エジプト二〇・三～五）という十戒の第一戒、第二戒に反します。かつて教会も、神格化された天皇の前に膝を屈めたことを反省し、二度と同じ過ちを犯さないため、イエス・キリストのみを主と告白する決意を新たにし、この世において「見張り人」として立てられている、預言者としての務めを果たしていきたいものです。

「次のような主のことばが私にあった。『人の子よ、あなたの民の者たちにこう告げよ。「わたしがある地に剣をもたらすとき、その国の民は自分たちの中から一人を取り、自分たちの見張りとする。さて、その人が、剣がその地に来るのを見て角笛を吹き鳴らし、民に警告を与えた場合、角笛の音を聞いた者が警告を聞き入れないなら、剣が来てその者を討ち取るときに、その血の責任はその者の頭上にある。角笛の音を聞きながら警告を聞き入れなければ、その血の責任は彼自身にある。しかし、警告を聞き入れていれば、その者は自分のいのちを救う。しかし、見張りが、剣の来るのを見ながら角笛を吹き鳴らさず、そのため民が警告されず、剣が来て彼らの中の一人を討ち取った場合、その者は自分の咎のゆえに討ち取られるが、わたしはその血の責任を見張りに問う。」人の子よ、わたしはあなたをイスラエルの家の見張りとした。あなたは、わたしの口からことばを聞くとき、わたしに代わって彼らに警告を与えよ。』」

（エゼキエル三三・一～七）

## 【資料一】 天皇の退位等に関する皇室典範特例法*11

（成立・二〇一七年六月九日、公布・二〇一七年六月一六日）

この法律は、

① 天皇陛下が、昭和六四年一月七日の御即位以来二八年を超える長期にわたり、国事行為のほか、全国各地への御訪問、被災地のお見舞いをはじめとする象徴としての公的な御活動に精励してこられた中、八三歳と御高齢になられ、今後これらの御活動を天皇として自ら続けられることが困難となることを深く案じておられること

② これに対し、国民は、御高齢に至るまでこれらの御活動に精励されている天皇陛下を深く敬愛し、この天皇陛下のお気持ちを理解し、これに共感していること

③ さらに、皇嗣である皇太子殿下は、五七歳となられ、これまで国事行為の臨時代行等の御公務に長期にわたり精勤されておられること

という現下の状況に鑑み、皇室典範第四条の特例として、天皇陛下の退位及び皇嗣の即位を実

現するとともに、天皇陛下の退位後の地位その他の退位に伴い必要となる事項を定めるものとする（第一条）

**一　天皇の退位及び皇嗣の即位**

天皇は、この法律の施行の日限り、退位し、皇嗣が、直ちに即位するものとする（第二条）

**二　上皇及び上皇后**

㈠上皇（第三条）

①　退位した天皇は、上皇とするものとする（第一項）

②　上皇の敬称は陛下とするとともに、上皇の身分に関する事項の登録、喪儀及び陵墓については、天皇の例によるものとする（第二項・第三項）

③　上皇に関しては、②の事項のほか、皇位継承資格及び皇室会議の議員資格に関する事項を除き、皇室典範に定める事項については、皇族の例によるものとする（第四項）

㈡上皇后（第四条）

①　上皇の后は、上皇后とするものとする（第一項）

②　上皇后に関しては、皇室典範に定める事項については、皇太后の例によるものとす

る（第二項）

㈢他法令の適用・事務をつかさどる組織（附則第四条・附則第五条・附則第一一条）

上皇及び上皇后の日常の費用等には内廷費を充てること等（附則第四条・附則第五条）とし、上皇に関する事務を遂行するため、宮内庁に、上皇職並びに上皇侍従長及び上皇侍従次長（特別職）を置くものとする（附則第一一条）

**三　皇位継承後の皇嗣**

①　この法律による皇位の継承に伴い皇嗣となった皇族に関しては、皇室典範に定める事項については、皇太子の例によるものとする（第五条）

②　①の皇嗣となった皇族の皇族費は定額の三倍に増額すること等（附則第六条）とし、①の皇嗣となった皇族に関する事務を遂行するため、宮内庁に、皇嗣職及び皇嗣職大夫（特別職）を置くものとする（附則第一一条）

**四　皇室典範の一部改正**

皇室典範附則に「この法律の特例として天皇の退位について定める天皇の退位等に関する皇室典範特例法は、この法律と一体を成すものである」との規定を新設するものとする（附則第三条）

**五　その他**

㈠贈与税の非課税等（附則第七条）

この法律による皇位の継承があった場合において皇室経済法第七条の規定により皇位とともに皇嗣が受けた物については、贈与税を課さないものとする

㈡意見公募手続等の適用除外（附則第八条）

この法律による皇位の継承に伴い元号を改める政令等を定める行為については、行政手続法第六章の規定は、適用しないものとする

㈢国民の祝日に関する法律の一部改正（附則第一〇条）

国民の祝日である天皇誕生日を「一二月二三日」から「二月二三日」に改めるものとする

**六　施行期日・失効規定**

①　この法律は、一部の規定を除き、公布の日から起算して三年を超えない範囲内において政令で定める日から施行するものとする。当該政令を定めるに当たっては、内閣総理大臣は、あらかじめ、皇室会議の意見を聴かなければならないものとする（附則第一条）

②　この法律は、この法律の施行の日以前に皇室典範第四条の規定による皇位の継承があったときは、その効力を失うものとする（附則第二条）

## 【資料二】皇居全体図

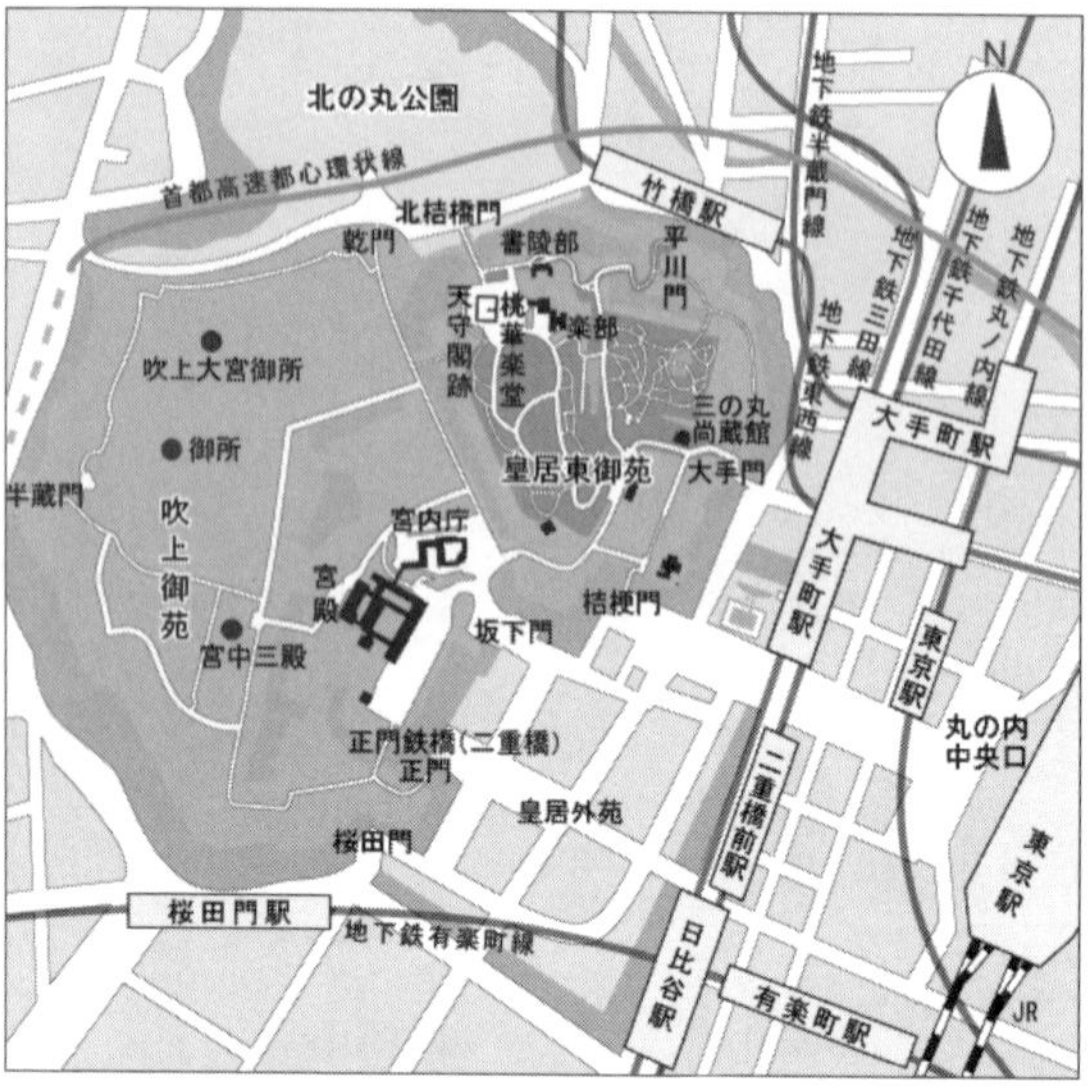


## 【資料三】宮殿の各棟、各室等の名称

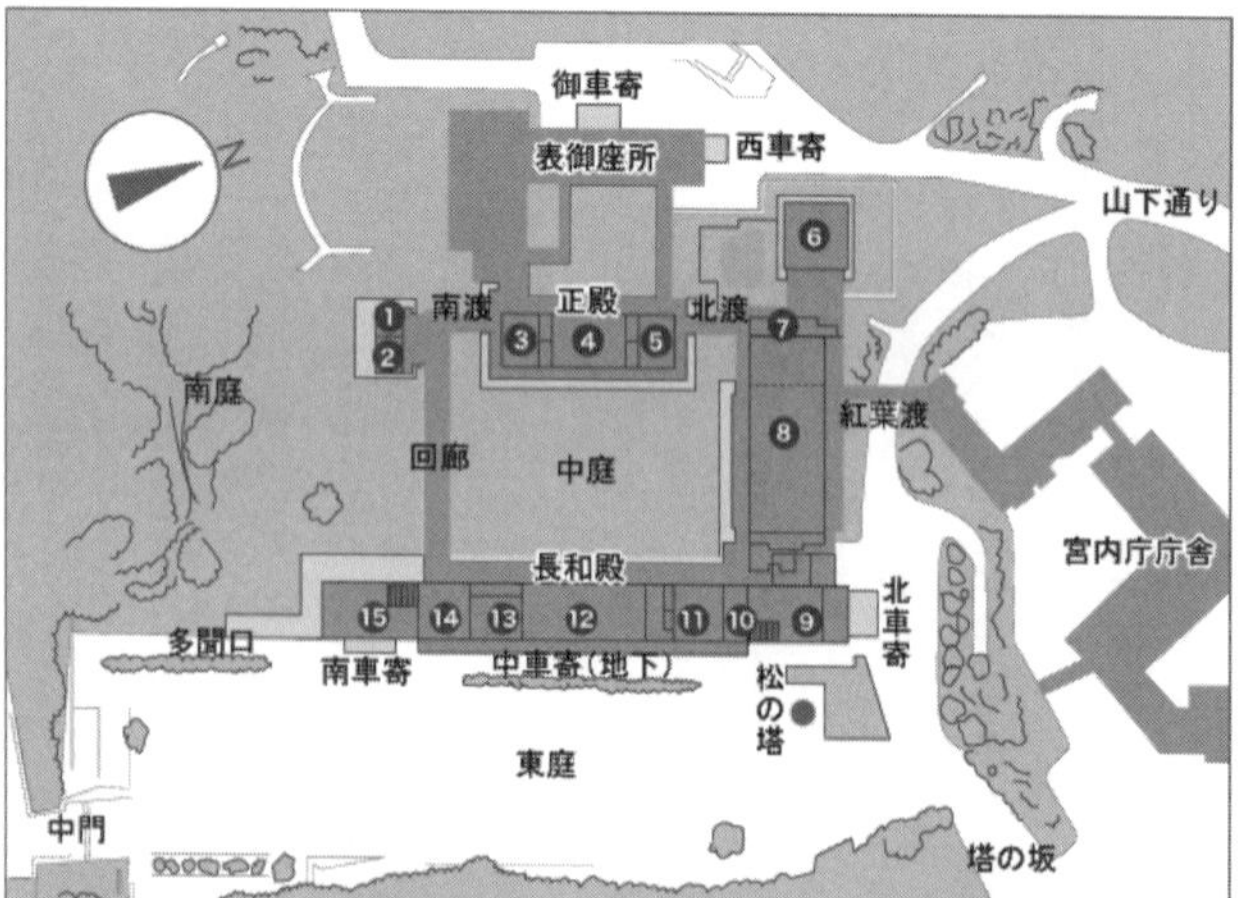


❶ 千草の間
❷ 千鳥の間
❸ 正殿竹の間
❹ 正殿松の間
❺ 正殿梅の間
❻ 連翠
❼ 泉の間
❽ 豊明殿
❾ 北溜
❿ 北の間
⓫ 石橋の間
⓬ 春秋の間
⓭ 松風の間
⓮ 波の間
⓯ 南溜

出典・宮内庁ホームページ
http://www.kunaicho.go.jp/about/shisetsu/kokyo/kokyo-map.html(上図)
http://www.kunaicho.go.jp/about/shisetsu/kokyo/kyuden-map.html(下図)

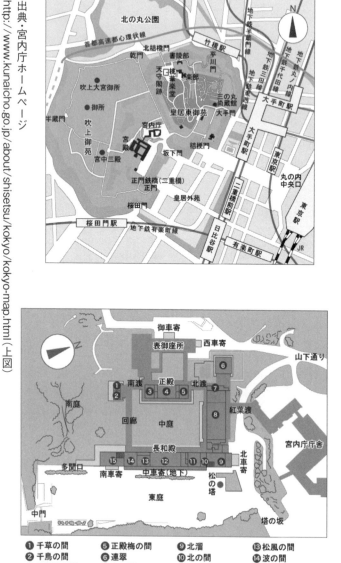

## 【資料四】 宮中三殿図

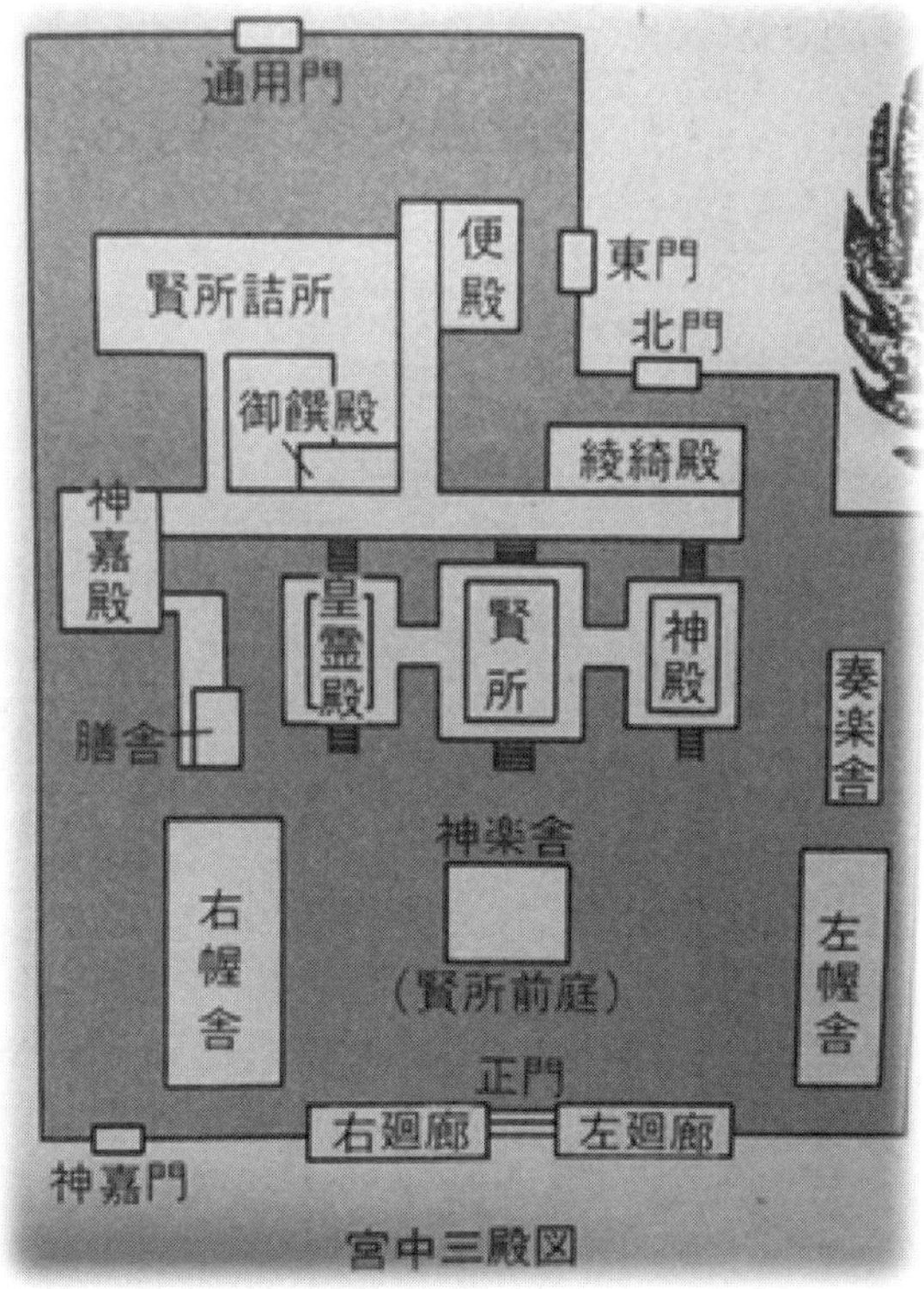


『別冊　歴史読本　図説天皇の即位礼と大嘗祭』1988年11月号
（1988年、新人物往来社、87頁）

## 【資料五】 明仁天皇の時の「即位の礼・大嘗祭」日程*12

一九八九年一月七日　剣璽等承継の儀（国事行為、宮殿）

一月九日　即位後朝見の儀（国事行為、宮殿）

一九九〇年一月二三日　賢所に期日奉告の儀（賢所）

**皇霊殿・神殿に期日奉告の儀**（皇霊殿・神殿）

**（伊勢）神宮神武天皇山稜及び前四代の天皇山稜に勅使発見の儀**（宮殿）

一月二五日　（伊勢）神宮に奉幣の儀（伊勢神宮）

**神武天皇山綾及び前四代天皇山陵に奉幣の儀**（各山稜）

二月八日　斎田点定の儀（神殿）

八月二日　大嘗宮地鎮祭

**九月二七日**　斎田抜穂前一日大祓（悠紀田・秋田県南秋田郡五城目町）
**九月二八日**　斎田抜穂の儀（悠紀田）
**一〇月九日**　斎田抜穂前一日大祓（主基田・大分県玖珠郡玖珠町）
**一〇月一〇日**　斎田抜穂の儀（主基田）
**一一月一二日**　即位礼当日賢所大前の儀（賢所）
**同日**　即位礼当日皇霊殿・神殿に報告の儀（皇霊殿・神殿）
**同日**　即位礼正殿の儀（国事行為、宮殿）
**同日**　祝賀御列の儀（オープンカーでのパレード）
（国事行為、宮殿～赤坂御所）
**同日～一五日**　饗宴の儀（国事行為・宮殿）
**一一月一三日**　園遊会・内閣総理大臣夫妻主催の晩餐（赤坂御苑）
**一一月一六日**　（伊勢）神宮に勅使発遣の儀（宮殿）
**一一月一八日**　即位礼一般参賀（宮殿東庭）
**一一月二〇日**　大嘗祭前二日御禊・大祓（皇居）
**一一月二一日**　大嘗祭前一日鎮魂の儀・同大嘗宮鎮祭（皇居）
**一一月二二日**　大嘗祭当日神宮に奉幣の儀（皇居）

同日　大嘗祭当日賢所大御饌供進の儀（賢所）
同日　大嘗祭当日皇霊殿・神殿に奉告の儀（皇霊殿・神殿）
同日　大嘗宮の儀（悠紀殿供饌の儀）（皇居東御苑）
一一月一三日　大嘗宮の儀（主基殿供饌の儀）（皇居東御苑）
一一月二四日・二五日　大饗の儀（宮殿）
一一月二四日　大嘗祭後一日大嘗宮鎮祭
一一月二七日・二八日　即位礼及び大嘗祭後神宮に親謁の儀（神宮）
一二月二・三・五日　即位礼及び大嘗祭後神武天皇山稜及び前四代の天皇山陵に親謁の儀（各山稜）
一二月三日　茶会（京都御所）
一二月六日　即位礼及び大嘗祭後賢所に親謁の儀（賢所）
同日　即位礼及び大嘗祭後皇霊殿神殿に親謁の儀（皇霊殿・神殿）
同日　即位礼及び大嘗祭後賢所御神楽の儀（賢所）
一二月一〇日　天皇陛下御即位記念祝賀会

# 注

1 明仁天皇の宣言「さきに、日本国憲法及び皇室典範の定めるところによって皇位を継承しましたが、ここに即位礼正殿の儀を行い、即位を内外に宣明いたします。このときに当り、改めて、御父昭和天皇の六十余年にわたる御在位の間、いかなるときも、国民と苦楽を共にされた御心を心として、常に国民の幸福を願いつつ、日本国憲法を遵守し、日本国及び日本国民統合の象徴としてのつとめを果たすことを誓い、国民の叡智とたゆみない努力によって、我が国が一層の発展を遂げ、国際社会の友好と平和、人類の福祉と繁栄に寄与することを切に希望いたします。」しかし「日本国憲法を遵守し」という発言は、「国政に関する権能を有しない」（憲法第四条）天皇の政治的発言という指摘もある。改憲派からすれば反改憲的政治的発言ということか。

2 平成の御世替わりに伴う儀式に関する最高裁判決、https://www.kantei.go.jp/jp/singi/taii_junbi/dai2/siryou6.pdf

3 最高裁判例 平成一四（行ツ）279 http://www.courts.go.jp/app/hanrei_jp/detail2?id=62544

4 判例検索β 平成四年（行コ）第四十八号 https://hanrei.saiban.in/d/16367

5 横田耕一九州大学名誉教授（憲法）「憲法の制約を受けるのは天皇のみで、皇族は政治的発言が可能」「発言は決定済みのことについての意見で、問題ない」と言った（「朝日新聞」二〇一八年一一月三〇日）。

6 中嶋啓明「『平和天皇』の内実」『週刊金曜日』株式会社金曜日、二〇一九年一月一一日、二五頁

7 天皇ができるのは、国事行為と私的行為（個人としての生活）に限定されるという「二分説」と、

「公的行為」を容認する「三文説」がある。「公的行為（象徴的行為）」をめぐっては違憲論があるが、大変であったらやめればよい。

8　しかしその法律には「これに対し、国民は、御高齢に至るまでこれらの御活動に精励されている天皇陛下を深く敬愛し、この天皇陛下のお気持ちを理解し、これに共感している」と書かれ、さまざまな国民感情を無視し、天皇の「おことば」を強制している。

9　日本会議は、皇位継承に伴う新元号を二〇一九年四月一日に事前公表する首相方針に遺憾の意を示す見解を機関誌『日本の息吹』二月号に掲載し、新天皇即位後の新元号決定と交付が本来のあり方だと批判している。

10　日本同盟基督教団「教会と国家」委員会『同盟教団の戦争責任——戦争責任フォーラム記録集』二〇一〇年、五二～五三頁。

11　首相官邸ＨＰ　https://www.kantei.go.jp/jp/headline/taii_tokurei.html

12　首相官邸ＨＰ　https://www.kantei.go.jp/jp/singi/koumu_keigen/dai2/sankou6.pdf

## 参考図書

日本同盟基督教団「教会と国家」委員会『同盟教団の戦争責任――戦争責任フォーラム記録集』二〇一〇年
日本同盟基督教団「教会と国家」委員会『「教会と国家」資料集』二〇一三年
日本福音同盟社会委員会『その時に備えて…Ｐａｒｔ２　天皇代替わりＱ＆Ａ』二〇一八年
安倍靖国参拝違憲訴訟の会・東京事務局『即位・大嘗祭Ｑ＆Ａ　天皇代替わりってなに？』二〇一七年、安倍靖国参拝違憲訴訟の会・東京事務局
日本キリスト教協議会靖国神社問題委員会『天皇の代替わり問題とキリスト教Ｑ＆Ａ』二〇一二年、日本キリスト教協議会
日本基督教会靖国神社問題特別委員会『いまなぜ大嘗祭か』一九八九年、日本基督教会大会靖国神社問題特別委員会
日本バプテスト連盟『即位・大嘗祭に備えて――その時教会は…ＰａｒｔⅡ』一九九〇年、日本バプテスト連盟
松谷好明『キリスト者への問い　あなたは天皇をだれと言うか』二〇一八年、一麦出版社
日本政策研究センター編『ガイドブック　即位の礼・大嘗祭』一九九〇年、ぎょうせい
歴史学研究会、日本史研究会、歴史教育社協議会、歴史科学協議会編『「即位の礼」と大嘗祭　歴史家はこう考える』一九九〇年、青木書店
中島三千男『天皇の代替りと国民』一九九〇年、青木書店

山本光編『別冊歴史読本　図説天皇の即位礼と大嘗祭』一九八八年一一月号、一九八八年、新人物往来社
土肥昭夫、戸村政博共編『天皇の代替わりとわたしたち』一九八八年、日本基督教団出版局
石丸新『賛美歌にあった「君が代」』二〇〇七年、新教出版社
石丸新『賛美歌に見られる天皇制用語』二〇一〇年、いのちのことば社
宇都宮健児『中学生の質問箱　天皇制ってなんだろう?　あなたと考えたい民主主義からみた天皇制』二〇一八年、平凡社

# 元号問題とキリスト者の歴史観

日本同盟基督教団・徳丸町キリスト教会　牧師　朝岡　勝

## はじめに

二〇一九年を迎え、私たちの社会は天皇の代替わりを迎えようとしています。現行憲法が定める象徴天皇制のもとで初めて即位した現天皇の生前退位と、それに伴う新天皇の即位という出来事を前にして、あらためてこの国のあり方と、そこに生きるキリスト者日本人のあり方も問われています。

そこで天皇代替わりに伴う「改元」に焦点を当てて、元号制度に表れる天皇制歴史観に対する、聖書に基づくキリスト者の歴史観について考えてみたいと思います。

## 一 天皇代替わりを取り巻く空気感

現天皇が四月三〇日に退位、五月一日に皇太子が新天皇に即位し、この日に改元が行われます。すでに政府は「新しい元号は四月一日に閣議決定され、同日中に公表される」と発表しています。二〇一八年後半から、巷では「平成最後の」というフレーズがあらゆるものの枕詞のように使われ、新しい元号が何になるかを予想する声も喧しくなっており、ちょっとした「元号」ブームの様相を呈しています。

二〇一八年の「明治一五〇年」キャンペーン、二〇一九年の新天皇即位と改元、二〇二〇年の東京オリンピックと、国威発揚の雰囲気がいよいよ高まる中で、テレビでは「日本スゴイ!」を連発する番組が並び、「奇書」ともいうべき百田尚樹の『日本国紀』(二〇一八年、幻冬舎)が売り上げを伸ばし、徴用工問題やレーダー照射問題などで韓国との関係が冷え込み、相変わらず「嫌韓・嫌中」メディアが衰えを見せません。

東日本大震災と東京電力福島第一原発事故の影響も深刻さを増し、経済の格差の増大や防衛予算の突出と福祉予算の削減、大企業の税制優遇と消費税増税による庶民への負担増の不均衡も進んでいます。

そんな中、森友・加計問題や北方領土外交の停滞、厚生労働省の勤労統計不正調査問題などで露わになりつつある「アベノミクス」の破綻など、数々のスキャンダルを抱えながらも倒れない安倍政権は、なお改憲路線を突き進もうとする姿勢を崩していません。

皇室と政府の関係もなかなか微妙なようで、皇室を政治利用しようとする政府の思惑と、年末の秋篠宮の大嘗祭に関する発言の背後に見え隠れするそれらへの牽制や、今後に予想される女性天皇制をめぐる議論など、天皇代替わりを取り巻く空気感は混沌の様相を呈しています。「改元」という出来事は、これらの空気を「リセット」する作用を持っていると言えるのではないでしょうか。天皇代替わりと改元によって諸々の問題を一旦水に流し、リセットしてしまいたい。そんな願望が託されているように思われるのです。

## 二　天皇代替わりと改元

古代日本における改元は、「大化の改新」で定められた最初の元号である六四五年の「大化」から現在の「平成」までで二百四十七回行われました。一方、『記紀《きき》神話』(日本書紀、古事記)のうえでは、神武天皇を初代として現天皇は一二五代となり、改元は天皇の代替わりの約二倍の回数で行われたことになります。その理由としては、改元に「天皇の代替わりにとどまらず、政治的混乱からの脱出や、自然災害からの復興祈願など、天皇の権力や権威を見せつけるあらゆる要素が含まれている」ことや、室町時代以降、実質的に君主として振舞った将軍の代替わりにおいても改元がなされたことが指摘されます。[*1]

つまり古代以来、日本においては天皇が時間を支配し、時にリセットし、時に更新する権能を持つ者として位置づけられていたのです。「天皇は……改元することで世界を立て直す力を持つ王権として振舞った。王権を支えるのは君主のこの神聖性だった」と言われるとおりです。[*2]

こうした天皇による時間支配、歴史支配が一段と強化されていったのが、明治維新政府による「近代神権天皇制」の確立でした。松谷好明は、近代の天皇制を考える場合に私たちが踏まえるべき二つの事実を指摘して次のように述べています。

「第一に、明治以降の近代天皇制は、明治維新政府が、記紀《きき》神話（古事記、日本書紀）と古来の種々の文献・法令を利用しつつ新たに創り上げたもので、それ以前の天皇制とは性格が基本的に異なるということです。維新政府は『大日本帝国憲法』以下多くの法律と『教育勅語』などをとおして、『祭政一致』の原理に則った、神権天皇による統治を全国民の上に確立しました。その際、天皇とその統治に神聖性を付与するために維新政府は、天皇・皇室に関わるさまざまな法律を新たに創り上げたのですが、中でも『皇室祭祀令』

は、国家神道の要の役割を果たすことになる宮中《きゅうちゅう》祭祀《さいし》を詳細に規定しました。したがって、明治以降の宮中祭祀は維新政府が創り上げた近代のものにほかなりません（『皇室事典』角川学芸出版、二〇〇五年、でさえ、そう記述しています）。

第二に、敗戦を機に誕生した『日本国憲法』は国民主権、基本的人権、平和主義を基本的理念として、祭政一致ではなく、『政教分離の原則』に則った国家の体制を『一応』定めています。しかし、日本国憲法の天皇についての条項が大日本帝国憲法の条項と同じく、冒頭に置かれていることが示唆するように、日本国憲法下においても宗教的権威としての天皇の性格を可能な限り維持するための手立てが、憲法の枠内、枠外でいろいろと工夫されています。[*3]」

松谷の指摘するように、確かに近代天皇制による神権統治の体制が確立されたのは明治以降ですが、こと「改元」に焦点を絞って言うならば、明治以前から連綿と続いていた天皇の時間の支配・歴史支配の強化と言えるでしょう。「近世史家の藤田覚が説くように、『天皇による時間の支配を意味し、天皇による国土と人民の支配・統治を象徴する元号が維持されたことは、現代に至るまで大きな意味を持ち続けた』のである」と言われるとおりです。[*4]

## 三　一世一元制への移行

明治政府は一八六八年一〇月二三日（慶応四年九月八日）、「其レ慶応四年ヲ改メテ明治元年ト為ス。今ヨリ以後旧制ヲ革易《かくえき》シ、一世一元、以テ永式《えいしき》ト為ス」との「一世一元の詔《みことのり》」を発布し、さらに「慶応四年ヲ改メ明治元年ト為ス可キ旨」の行政官布告を発行して、明治への改元を実施します。

その後、「一世一元」は一八八九年の大日本帝国憲法の発布によって、「大日本帝国ハ万世一系ノ天皇之ヲ統治ス」（第一条）、「天皇ハ神聖ニシテ侵スヘカラス」（第三条）と規定され、「統治権ノ総攬者《そうらんしゃ》」（第四条）として超越的な権威と神的性格を帯びた君主として位置づけられることとなりました。

さらに、その後の旧皇室典範《てんぱん》では「践祚《せんそ》ノ後元号ヲ建テ一世ノ間ニ再ヒ改メサルコト明治元年ノ定制ニ従フ」（第一二条）と定められ、改元の具体的手続きを定めた「登極令」などの関連法規の整備によって法的根拠が与えられました。こうして「天皇は崩御するまで在位し続けることとなり、加えて、その在位期間と『元号』は一致することとなり、それゆえに、『元号』は、天皇個人の可死的肉体を起点として測られ、語られることとなった」のです。[*5]

以上のように、明治政府による「一世一元」制の導入は、古代以来の改元のバリエーションを一元化し、天皇在位中の改元を否定し、天皇の代替わりと直結させるものとなりました。しかも、古代以来の天皇代替わりに伴う「代始改元《だいはじめかいげん》」においても、新天皇即位時に直ちに改元を行う「即時改元」と、新天皇即位の翌年に改元を行う「踰年改元《ゆねん》」がある中で、「天皇践祚ノ後ハ直ニ元号ヲ改ム」（登極令第二条）として前者を採用し、さらに「元号ハ詔書《しょうしょ》ヲ以テ之ヲ公布ス」（同第三条）と定めて、改元と天皇との結びつきを一層強めていきました。[*6]

こうしてみると、「一世一元」制は、在位中に改元を実施することで、時間のリセット、更新の権能を操ることのできた古代の天皇の神聖性を弱めたものと見ることもできますが、実際には天皇の身体的存在そのもので時間を区切る性格が明確にされたこと、またそのあり方を「永代」としたことで、いっそうその宗教性、神聖性を強化するものと言えるでしょう。

「このように、大日本帝国憲法下での改元は、最高権力者である天皇が出す最高度の文書によって知らせていたのであり、古代以来の天皇の時間支配を顕現するイベントであった」のです。[*7]

今回の天皇の生前退位の意向表明に対して、保守派の論客たちは軒並み反対の声を挙げました。彼らの信念からすれば、天皇の生前退位のようなことが行われてしまえば、「生涯在位」をもって神聖性を担保しようとする近代神権的天皇制に揺らぎが生じ、それによって、たとえば女系天皇議論が活発になったり、天皇の元首化を求める憲法改正が遠のきかねないという懸念があったりしたからと考えられます。[*8]

また改元の時期についても、改元に伴って生じる膨大な事務作業への対応のため、新元号の発表を早めることを求める声が多かったにもかかわらず、政府が改元は五月一日という線を譲らなかったのも、保守派に対する配慮であるとの声も聞かれます。[*9]

## 四　敗戦と元号

一九四五年の敗戦によって、近代天皇制は大きく変化することとなりました。大日本帝国憲法は日本国憲法に改められ、天皇の位置は「象徴」となり、代わって国民が国家の主権者となりました。旧天皇制を支える元号制度をはじめとした諸制度を定めた皇室典範や登極礼は一九四七年五月二日に廃止され、新たな皇室典範は日本国憲法施行の五月三日に施行されました。これによって従来の元号、改元についての法的根拠は失われます。

実際には敗戦翌年の一九四六年一一月、政府は「一　皇位の継承があったときは、あらたに元号を定め、一世の間これを改めない。二　元号は政令でこれを定める」という元号法案を閣議決定していました。[*10] しかし、GHQから天皇制を強化する意図があるとして却下され、以来、元号は憲法や法律上の根拠をもたない「事実たる習慣」として続いていたのです。[*11]

さらに一九五〇年二月には、参議院文部委員会が元号制の存続か廃止かをめぐって審議を行いました。「定められた審議内容には元号制が新憲法の精神にふさわしいかどうか、さらには日本は世界の『文明諸国』共通の年号計算を採用すべきかどうかを決定することまでが含まれていた」と言い、委員会が意見陳述人として招いた学識経験者二十六名のうち、存続意見は七名、廃止意見は十六名にのぼったと言います。[*12] 存続を主張する声には「千三百年以上にわたる日本の文化的伝統」を守るべきとの声が挙げられ、廃止意見の多くには西暦で年数を数えることの利便性が挙げられる中、憲法学者の宮沢俊義《としよし》は「この制度は戦前の天皇制の痕跡であり、こういうものは日本から抹消しなければならない」と述べたと言われます。[*13] 事柄の本質をとらえたものと言えるでしょう。

## 五　元号法制化への過程

敗戦後の元号をめぐる議論は停滞しますが、それでも一九六〇年代半ばになると保守系国会議員や神社本庁、神社青年全国協議会といった組織を中心として、戦前復古の動きが活発になります。特に戦前の紀元節を「建国記念日」として復活させようとする祝日改正法の動きや、靖国神社の国家護持法案をめぐる議論とともに、元号の存続と元号法制定を求める声も高まっていきました。

こうした動きが表面化し、元号法制化が動き出すのが一九六八年でした。米国の日本史研究家のケネス・ルオフは、「六八年は元号法制化に向けた組織運動の始まった年となった」とし、その契機がこの年の一〇月二三日に政府主催で開かれた「明治百年記念式典」にあったと指摘します。*14 そこでは一八六八年一〇月二三日、すなわち「一世一元の詔」をもって元号「明治」がスタートした近代日本の元号制開始の日を明確に意識し、そこから新しい戦後の元号法制化への動きを本格化させていくことになるのです。*15

元号法制化に向けた草の根運動の中核を担ったのは、神社界でした。一九六九年に設立された「神道政治連盟」は、元号法制化の達成を最優先課題に掲げて国会議員に運動を浸透させていきました。こうして一九七〇年には自民党が元号法制化の方針を決定し、さらに一九七五年の昭和天皇在位五〇周年奉祝の運動を契機に、神社本庁、「生長《せいちょう》の家」（谷口雅春により創設された新宗教団体）、さまざまな右派団体が元号法制化を目指す全国的な運動を展開し、それが一九七八年の「元号法制化実現国民会議」結成に至ります。

このような動きに対して、かつての天皇制の復活に繋がるとして革新政党や各種団体、キリスト教界による反対運動が繰り広げられましたが、一九七九年二月二日に元号法案は国会に提出され、審議の末に六月六日成立、六月一二日が施行されました。その条文は次のとおりです。

**元号法　第一項**　元号は、政令で定める。
**第二項**　元号は、皇位の継承があつた場合に限り改める。
**附則　一**　この法律は、公布の日から施行する。
**二**　昭和の元号は、本則第一項の規定に基づき定められたものとする。

元号法第二項が改元を皇位継承の場合に限定したことは、大日本帝国憲法と旧皇室典範の定めた「一世一元」制を維持したことを意味しています。それは「旧憲法の天皇と、日本国憲法の天皇との間におかれているはずの質的な断絶性を、あいまいにするものといわなければならない」とされ、「憲法的な要点は、一世一元の元号制度は、君主主権の体制を前提とし、国民主権という現行憲法の原則と根本的に矛盾する、というところにある」と指摘されます。*16

ここで私たちが確認しておくべきは、元号法制化は政府主導で行われたというよりも、保守派の政治家、神社本庁、生長の家、各種の右派団体が総力を挙げて取り組んだ一種の「草の根運動」の結実であったという事実です。とりわけ「日本を守る会」、「自主憲法制定国民会議」、「日本青年協議会」、「元号法制化実現国民会議」といった右派団体の運動は全国的に展開され、それらが全国の各自治体への請願というかたちで市町村議会に提出され、そこで採択された「元号制の法制化に関する決議」などは、元号法成立までに全国の一六〇〇以上の議会から届けられたと言います。[*17]

ちなみに、元号法制化運動を展開した諸団体は、元号法成立に伴い「元号法制化実現国民会議」を「日本を守る国民会議」に改組、「日本を守る国民会議」はその後「日本を守る会」と統合し、それが発展して結成されたのが、現在の安倍政権を支える「日本会議」です。現在、日本会議を中心に右派諸団体が全国的に繰り広げている憲法「改正」運動の方法論は、かつての元号法制化の成功体験に裏付けられたものと言えるのです。[*18]

## 六　天皇制の歴史支配の諸相

ケネス・ルオフは元号制をめぐる論議をまとめて、「日本は世界的な慣行を採用するべきか、それとも独自の文化的慣行を維持するべきか。元号の使用は天皇の在位する期間に沿って、ものごとを考えるよう日本人に促すものなのである」とします。[*19]

これに対して鈴木洋仁は「このルオフの知見は、『元号』と歴史意識をめぐる議論についての典型的なプロトタイプ」とし、「『元号』の意味を強調すると偏狭なナショナリストとなり、逆に、『西暦』に軍配を上げれば国際的なポストモダニストになれる、という二項対立＝ダイコトミーを示している。『元号』に対して賛意を明らかにするや否や、右翼やナショナリストという称号を貼られてしまう。かたや、『元号』ではなく『西暦』を正式に採用するような見解を述べただけで、あたかも『国際的』になったかのような気分に浸れてしまう」と批判します。*20

ルオフのようにこの問題を「西洋文化か日本文化か」の「文明の衝突論」のように扱うことも、鈴木のようにそれを「二項対立」と単純化して批判することも、それぞれに吟味が必要なところですが、私たちとしては、古代天皇制の持っていた神的王権の性格が、明治以降の神権的天皇制と元号の「一世一元」制導入によって一層強化され、さらに戦後の天皇制国家から国民主権国家への転換を遂げつつも、実際にはその性格が維持され、今なお、祭祀王としての天皇の存在と「元号」という歴史区分が密接不可分に結びつき、天皇の時間支配・歴史支配が厳然として存在していることの意味を十分に考える必要があるのではないでしょうか。

二〇一九年一月の時事通信社の世論調査で、日常生活でよく使うのは元号か西暦かを聞いたところ、「元号」は五四・九％、「西暦」三三・六％、「どちらとも言えない・わからない」は一二・五％という結果が出ました。*21 世代別では、六〇歳以上では「元号」六四・七％、「西暦」二一・九％。四〇、五〇歳代もほぼ同傾向、一〇～三〇歳代でも「元号」が上回ったものの、四割台で「西暦」と拮抗。「世代が下がるほど、『西暦』が定着している傾向だった」と分析していますが、全体的には「元号表記は公文書や民間の契約書などで多く使用されており、浸透していることがうかがえる」と結論付けています。柄谷行人の主張する「憲法の無意識」[*22]があるとするならば、それと相並んで、またそれ以上の強度で「天皇制の無意識」が、むしろ塚田理の的確な表現で言えば「天皇制国家の原罪」[*23]が、私たちの時間、空間の中に厳然として作用しているとも言えるでしょう。

私たちの暦や日常の時間の中には、さまざまな仕方で天皇制由来の年中行事が組み込まれていることは周知のとおりです。特に明治以降の近代日本においては、太陽暦（実質的にはグレゴリオ暦）が導入されつつも、神話上の存在にすぎない「神武天皇」以来の紀元暦が脈々と流れており、まさに「和魂洋才」の姿が表れています。

こうして実際上のクロノス的な時間の流れとともに、国民の意識の中にあるカイロス的な時間の流れがあり続けているのでしょう。そして、それらの一つの示威化・顕現化が「改元」という出来事であると言えるのではないでしょうか。

## 七　キリスト者の歴史観*24

「暦」というものは、私たちの日常に流れるクロノス的な時間の流れに、さまざまな区切りをつけ、それによって意味づけを与え、さまざまな作用を及ぼすカイロス的な機能を持っています。

聖書の中に流れる時間、歴史もまた決して無色透明でなく、さまざまな意味を帯びています。旧約聖書の創世記の冒頭で創造の出来事が「七日間」という日の巡りの中で記されること、列王記や歴代誌など、分裂王国時代から捕囚期に至る王の統治を区切りとした年代表記や王の年代記の存在、そして何よりも旧約聖書において決定的なのは、歴史を動かしているのは神ご自身であるという事実です。

神が太陽と月を創造し、その運行を導き、神ご自身が歴史を始め、歴史を動かし、時には時間に介入し、時間を止めることすらある。神が歴史の支配者、統治者であるというのが旧約聖書の主張です。

新約聖書における歴史観の中心にあるのは、古代ユダヤの信仰を「旧約」とし、自らを「新約」としたことにあるでしょう。すなわちイエス・キリストを「時の中心」ととらえ、このキリストを旧約の預言の成就とし、キリストから見て旧約を「予型」とし、旧約の持っていた黙示思想をキリストにある「終末」として明確にしたのです。こうしてイエス・キリストの受肉・復活・昇天・再臨を軸に据え、聖霊によって「創造から終末へ」と動いていく「救済史」的なキリスト教的な歴史観が示されていくのです。[*25]

古代教会において「暦」を考える中心になったのはキリストの復活でした。当時ローマ帝国下では太陽暦に基づくユリウス暦が用いられていましたが、市民たちの生活に密着した周期は古代ローマの八日周期の配分だったと言われます。[*26] しかし、キリスト教徒たちはユダヤ教の土曜安息の習慣を受け継ぎ、そのうえでイエス・キリストの復活を記念し、祝うために日曜日を「主の日」として週の頂点に置くようになりました。一世紀末に著された『十二使徒の教訓』(ディダケー)一四章一節には「主の日毎に集って、あなたがたの供え物が清くあるよう、先ずあなたがたの罪過を告白した上で、パンをさき、感謝を献げなさい」とあり、一週間のはじめの日曜日を「主の日」と呼ぶことが習慣として定着していたことが示唆されています。[*27]

キリストの復活の記念と祝祭は、一週の巡りにおける「主の日」として位置づけられるのみならず、一年の巡りの中心としての意味も持っていました。福音書における主イエスの受難と復活の日時は、ユダヤ教における過越の祭りとの兼ね合いで考えられてきました。しかし、共観福音書とヨハネ福音書が記す、最後の晩餐と十字架の出来事と過越の食事が同一であったかどうかによって生じる一日の差によって、その理解にもさまざまな議論が生まれました。いずれにしても、イエス・キリストの復活の日付をめぐる議論は、他の要因とも相まって教会の分裂につながりかねないものであったこと、コンスタンティヌス帝体制のローマ帝国内でのキリスト教の位置づけに大きな変化が生じたことなどから、四世紀に入ると東西教会の間で祝祭日の統一を図る動きが進み、こうして三二五年のニカイア公会議において復活祭日に関する規定が、「春分の日のあとの満月の次の日曜日に祝う」と定められたのでした。*28

土屋吉正は教会暦（典礼暦）とキリスト教祝祭日の意義を、次のように述べています。

「キリスト教の祝祭日は、キリストの生涯の救いのわざを出来事として記念することによって、キリスト者がその原型であるキリストとの交わりを深め、その原型にかたどられていくために守られるようになったものである。キリストの生涯の一回限りの主要な出来事は、キリスト者の生活にとって『通過儀礼』としての意義を持つものであるが、一年を周期として毎年新たに記念されることによって絶えず深められ、新たにされていく。*29」

このように、キリスト者の歴史観の中には、創造から終末へという救済史的な直線的歴史観の中に、キリストの待降・生誕・受難・復活・昇天・聖霊降臨というキリストの出来事を繰り返していく円環的歴史観が位置づけられ、その時間を生きることで、キリスト者の生がキリストの御業と結び合わされていく生命的な意義が込められています。

さらに考えるべきことは、聖書の歴史観に決定的な要因として存在する「さばき」と「悔い改め」の問題です。旧約のイスラエルにおける王の代替わりは、多くの場合、彼らの偶像礼拝の罪に対する神のさばきの現れでもありました。それは単なる歴史のリセットではなく、悔い改めを促す神の警告でもあったでしょう。キリストがもたらされる終末は、究極の歴史のリセット機能とも言うべき事態ですが、それはまた神の最終的なさばきの時であり、悔い改めなき民は永遠の滅びに至るのです。

天皇制の歴史観に決定的に欠落しているもの。それがこの「悔い改め」と「さばき」の要素です。天皇には罪責を引き受けての代替わりはありません。悔い改めもさばきもないまま、改元によって歴史がリセットされてしまうのです。

あり得ないことを承知のうえで、もし悔い改めとさばきによる代替わりがあるとするならば、昭和天皇こそが一九四五年八月に退位すべきであり、より根本的に言うならば、天皇制そのものが廃止されるべきだったでしょう。しかし「一世一元」の連続性が優先されて「昭和」という時代が継続されたことによって、日本の戦後責任のあいまいさと不徹底さ、「内なる天皇制」、「天皇制の無意識」が残り続けたのだとも言えるでしょう。

このように考えてくると、私たちにキリスト者日本人にとって、元号をめぐる事柄は単に「西洋暦か日本独自の文化か」という対立項の問題、また日本社会の中で実際に人々のうちにどのように意識づけられ、社会生活を規定しているかという歴史意識の問題ではありません。「時を治め、導くのはだれか」という問題であり、「悔い改めなき歴史の継承はゆるされるのか」という問題であり、改元によって歴史を支配し、リセットする天皇制の歴史支配、時間支配に対して、まことの歴史の支配者にして、歴史を始め、終わらせることのできる唯一の王なるイエス・キリストの権威を証しする「信仰告白的」行為にかかわる問題なのです。

## 八　元号問題と日本の教会

一九七九年の元号法制化の際、キリスト教会がどのように反応したかの一つの証しとして、筆者の属する日本同盟基督教団の例を紹介します。

一九七九年二月二日に元号法案が国会に提出されたことを受けて、同盟教団第三〇回教団総会は、総会議長名で「元号法案に反対する声明」を発表します。本文は以下のとおりです。[*30]

「わたくしどもは、今、政府の手によって進められている『元号法案』に強く反対します。

『一世一元』を内容とする同法案は、天皇主権につながり、国民主権の現憲法に反するものです。さらに、元号法制化は、天皇に再び祭祀大権を付与する道を開き、ひいては戦前の国家神道に復活の道を開くもので、信教の自由と政教分離の原則を侵す危険があります。また、もしも同法案が成立すれば、全国民に元号使用を強制する結果となり、思想信条の自由をも踏みにじることになります。

ここに『元号法案』の反対を声明し、同法案の国会提出を厳重に抗議し、直ちに撤回されるよう求めます。以上。」

さらに、同年六月六日に元号法案が成立したことを受けて、六月二〇日に教団理事会および靖国問題委員会は「元号を拒否し、主の年による歩みを！」と題する文書を教団教職、信徒に向けて発表します。*31

「元号法案は一九七九年六月六日に成立しました。私たちの教団は、これに反対し阻止するために活動してきました。ところが政府は、国民の圧倒的多数が元号の法制化に反対しているにもかかわらず、一行一文字の修正をすることなく、かつ付帯項目も皆無のままにこれを成立させました。これは、明らかに国民世論を無視したことであり、国会審議そのものの不正常さを暴露したものです。しかし、いずれにしても今や元号は公的承認を得たものとして歩み始めました。

私たちの教団、全教会は、『元号法案』に反対する声明（一九七九年三月二一日教団総会において）で指摘した通り、法案が成立した今でもこれを受け入れることはできません。もし、一世一元を内容とする同法案を認めるなら、天皇の時間支配、歴史支配を認めることになります。私たちは、主イエス・キリストこそ、この世を支配し、歴史を導きたもう唯一、絶対の神と信じるものです。従って、元号の一世一元を定めた現在、キリストを信じる私たちは、もはや元号の使用はできません。『人に従うより、神に従うべきです』（使徒五・二九）とのみことばに生かされつつ今この時にあたって私たちは今後、元号をあくまで拒否することを表明するものです。

そして、同総会で申し合せた通り、主の年（西暦）をもって生活をし、今後も教会内はもちろん対外的にもまた公私にわたって主の年を使用し、主のご支配のもとで生きぬき私たちの信じる主イエス・キリストこそ、唯一絶対の主権者であると信じ告白するものです。

なお、昭和（昭和も同法案による元号となりました）など、これまで使用してきた元号の諸文書等も、本部事務所はじめ全教会において、主の年に書き改めるよう取り計らって下さい。役所窓口におけるトラブルも予想されますが国会答弁で明らかのようにそれはあくまで協力が求められるのであって強制されるものではありません。信仰にもとるこの協力、たとえ強制であっても、信仰と勇気をもってこれを拒否し、私たちの信じるところを歩んでゆくよう、ここにコメントをおくります。もしもトラブルがありましたら、解決した場合も、そうでない場合も靖国問題委員会に早急にご連絡下さるようお願いします。」

ここには、元号法案によって浮かび上がった天皇の時間支配と歴史支配を明確に否定し、「この世を支配し、歴史を導きたもう唯一、絶対の神」なる主イエス・キリストの時間支配と歴史支配を告白する歴史観が現れています。それゆえに「主の年（西暦）をもって生活をし、今後も教会内はもちろん対外的にもまた公私にわたって主の年を使用」するという日常性を通して、「主のご支配のもとで生きぬき私たちの信じる主イエス・キリストこそ、唯一絶対の主権者であると信じ告白する」という姿勢が言い表されているのです。

しかしながら、それから四十年を経た今、このような意識が私たちのうちでどれほど意識され、継承されているだろうかと自問します。今年、筆者が受け取った年賀状のうち、教職者、信徒から送られてきたものの一割程度は、年号表記に「平成」が使われていました。さまざまな公文書において元号の記入が求められる際に、どれだけのキリスト者がそこで立ち止まり、その意味を考えているだろうかと思います。クリスチャン関係の印刷物やアナウンスでも「平成最後の」というような表現を耳にすることがあります。

そしてより深刻なのは、かつての日本のアジア侵略戦争への加担と偶像礼拝の罪を悔い改める教会の姿勢を、「自虐史観」と呼ぶような日本的キリスト教が出現しているという事実です。キリスト者の歴史観を自らのうちで問われているのが、今のこの時の私たちの姿なのではないでしょうか。

## おわりに

私たちが父なる神、子なる神、聖霊なる神の三位一体の神を信じ、告白すること、とりわけ「イエス・キリストは主である」、「イエス・キリストのみが主である」と告白することは、このキリストの全面的な支配を信じ、告白することを含んでいます。「我々が聞くべき、また我々が生と死において信頼し服従すべき神の唯一の御言葉」(バルメン宣言第一項)なるイエス・キリストは、「我々のすべての罪の赦しについての神の慰めであるのと同様に、また それと同じ厳粛さをもって、彼は、我々の全生活に対する力ある要求でもある」(バルメン宣言第二項)のです。*32

天皇代替わりと改元を四か月後に控えて、ますます私たちの歴史の意識を研ぎ澄まし、日々の生活の中で、小さなことをおろそかにせず、むしろ日々の生活の中でしか表すことのできない主イエス・キリストの歴史の支配を証ししながら歩む私たちでありたいと願います。

「われらの日々を数えるすべをしかと知らせて下さい。知恵の心をわれらが得るために。」

（詩篇九〇篇一二節、岩波訳聖書、松田伊作訳）

## 注

1 鈴木洋仁『「元号」と戦後日本』青土社、二〇一七年、一四頁。小島毅『天皇と儒教思想――伝統はいかに創られたのか?』光文社新書、二〇一八年、二五九～二八二頁。大石眞「元号制度の諸問題」、横田耕一・江橋崇編『象徴天皇制の構造――憲法学者による解読』日本評論社、一九九〇年、二五九頁以下。古来の改元は大きく四つに類型化されます。すなわち①新天皇の治世の始めに行う「代始改元(即位改元)」、②珍しい現象を吉兆と見て行う「祥瑞改元」、③大きな災害や異変を天の誡めとして行う「災異改元」、④特定の教理に基づく予言思想に従った「革年改元」などです(大石眞、前掲書、二六〇～二六一頁)。

2 小島毅、前掲書、二八二頁。

3 松谷好明『改訂版 キリスト者への問い――あなたは天皇をだれと言うか』一麦出版社、二〇一八年、一八～一九頁。本書には、今も行われている天皇による宮中祭祀の実態が詳しく述べられています。また現行憲法下での天皇の祭祀王としての性格については、原武史『昭和天皇』(岩波新書、二〇〇八年)を参照。

4 鈴木、前掲書、一四頁。文中引用されるのは藤田覚『江戸時代の天皇』(講談社、二〇一一年)。

5 同書、一五頁。

6 大石、前掲書、二六〇～二六六頁。

7 鈴木、前掲書、一五～一六頁。

8 ジャーナリストの津田大介氏は、保守派論客の声を紹介しつつ、次のように指摘します。「一連の議論から見えてきたのは、〝保守派〟と呼ばれる人たちがこの議論で何を重要視しているかということである。
『〈開かれた皇室〉という〈怪しげな民主主義〉に寄られることなく〈閉ざされた皇室〉としてましましていただきたい』(加地伸行・大阪大名誉教授、「Will」二〇一六年九号)
『もっとも重視しなければならないことは、これまで男系で続いてきた万世一系の皇統を守ること』(渡部昇一・上智大名誉教授、「正論」二〇一六年九月号)
『たとえ一回でも退位の前例を作れば、日本の国柄の根幹を成す天皇制度の終わりの始まりになってしまう』(八木秀次・麗沢大教授、「朝日新聞」二〇一六年九月一一日)
彼らが重視しているのは『お気持ち』で示された個人の思いや、天皇個人ではなく、『天皇制』という国体なのだ。」(「共同通信」47News, 二〇一七年六月九日配信記事、www.47news.jp/313076.html)。

9 実際、「日本会議」は新元号の事前発表に関し、首相に対して「遺憾の意」を公表しています。(「共同通信」二月三日配信記事、https://this.kiji.is/464475688977302625)

10 大石眞、前掲書、二六六～二六七頁。

11 高橋紘『象徴天皇と皇室　シリーズ日本国憲法・検証 資料と論点第二巻』小学館文庫、二〇〇〇年、一七四頁。

12 ケネス・ルオフ『国民の天皇――戦後日本の民主主義と天皇制』岩波現代文庫、二〇〇九年、二八四～二八五頁。

13 同書、二八五頁。

14 同書、二八八～二八九頁。

15 ルオフは、この時の明治百年記念式典について、自民党はその目的を「日本の過去百年間の発展を祝い、それにより愛国心のような失われた価値を回復することと強調した」とし、また明治百年奉祝運動が政府主張のもと、多くの民間組織を動員した一大キャンペーンであり、結果的に「百年式典は右派勢力を活気づけるのにも貢献している」と指摘します（同書、二八九頁）。このことはいみじくも昨年行われた政府主導による明治一五〇年記念の動きと、驚くほどに重なり合っています。明治一五〇年キャンペーンの孕む問題については、斎藤貴男『「明治礼賛」の正体』（岩波ブックレット、二〇一八年）参照。

16 大石、前掲書、二七〇～二七三頁。

17 ケネス・ルオフ、前掲書、二九五～二九七頁。

18 青木理『日本会議の正体』平凡社新書、二〇一六年、特に一五六頁以下を参照。

19 ケネス・ルオフ、前掲書、二八三頁。

20 鈴木、前掲書、五八～五九頁。

21 調査方法は「一月一一～一四日に全国の一八歳以上の男女二千人を対象に個別面接方式で実施。有効回収率は六二・〇％」とのこと。

22 柄谷行人『憲法の無意識』岩波新書、二〇一六年。柄谷は本書で、憲法九条の理念は日本人の無意識の中に深く定着したものであるとし、「日本人の集団的な超自我であり、文化」とします。

23 塚田理『象徴天皇制とキリスト教』新教新書、一九九〇年、八～九頁。本書において塚田は「〈象徴天皇〉を持つ日本国民は、自らの中に国民としての存在理由を確保する自己完結的国家を形成していると言わなければならない。〈象徴天皇〉はこの自己完結的国家の象徴であり、また〈象徴〉であることによってその自己完結性を暗黙のうちに永遠的、究極的レベルにまで高めているのである。換言すれば、天皇制は、日本国家の宗教的統一体的性格を象徴しているのである」とし、「しかしキリスト教にとって自己完結性の主張は原罪と呼ばれるべきものである」と天皇制の本質を鋭く射貫いています。さらに「天皇制国家は、その社会的構造の中に、その社会を永遠に継続させるに足る存在理由を組み込んだ宗教的国家である。すなわち、それは社会的構造を通して、その社会に属する人間の生存の意味、価値、目的というものに絶対的価値を付与する社会である」と指摘しています。

24 聖書の歴史観、キリスト教と暦の問題については以下を参照。ローランド・ベイントン『キリスト教歴史観入門』（教文館、一九八〇年）、丸山忠孝『キリスト教会二〇〇〇年』（いのちのことば社、一九八五年）、土屋吉正『暦とキリスト教』（オリエンス宗教研究所、一九八二年）。

25 オスカー・クルマン『キリストと時』（岩波現代叢書、一九五四年）、ハンス・コンツェルマン『時の中心――ルカ神学の研究』（新教出版社、一九六五年）。

26 詳細は土屋、前掲書、六三頁以下を参照。

27 訳文は荒井献編『使徒教父文書』（講談社文芸文庫、一九九八年）所収の佐竹明訳。

28 後にユリウス暦の一年（三六五・二五日）と実際の太陽年（約三六五・二四二三二日）との誤差が広がって行くにつれ、一三世紀に入るとユリウス暦の誤差が七日以上になり、閏年の設置などの調整をふまえて、一五八二年に教皇グレゴリウスによって改暦が行われます。これが現在の「グレゴリオ暦」の始まりです。

29 土屋吉正『典礼の刷新』オリエンス宗教研究所、一九八五年、三四五頁。

30 日本同盟基督教団「教会と国家」委員会編『「教会と国家」資料集「教会と国家」ブックレット二』二〇一三年、八頁。

31 同書、九～一〇頁。

32 バルメン宣言第一項の「のみ」と第二項の「すべて」の内的関連については、朝岡勝『増補改訂「バルメン宣言」を読む――告白に生きる信仰』いのちのことば社、二〇一八年、四九～八二頁を参照。

# 伊勢神宮と政教分離

日本長老教会・西武柳沢キリスト教会　牧師　星出卓也

## 序　伊勢神宮から政教分離を見る

日本の教会にとって深い関わりがある「政教分離原則」を考えるうえで、なぜ伊勢神宮を取り扱うのか。伊勢神宮が日本の近現代史において果たしてきた大きな役割によるところからきます。それは伊勢神宮が果たしてきたというよりは、伊勢神宮がさまざまな要因によって、特に明治維新政府という国家権力によって変えられ、変容されてきた歴史があるからです。

地域の一神社であった伊勢神宮という存在が、近現代史によってこうも変容されてきたということ、それ自体も非常に興味深いことですが、それにも勝って伊勢神宮がこの日本社会において果たすように国家権力によって求められて、その役割を担うようにと変容されていった歴史であるため、伊勢神宮単体の歴史のみならず日本社会の歴史とも大きく関係しているのです。

それは今日の日本社会の現状を問いかけるものとなり、この日本社会の中に生きる福音を宣教するように立てられた教会にとって大きな問いとなります。

限られた紙面で、特に近現代の中で伊勢神宮が国家権力によって変えられていった歴史、一神社のみならず国家機関の一部となって、国家神道体制の中核として大きな役割を担うようになったその変遷を、戦後の今と連続している問題としてとらえたいと思います。そして、それ以前の国家神道体制との断絶として、戦後定められた「神道指令」と日本国憲法第二〇条三項の政教分離原則が問われている問題として考えます。

主に伊勢神宮が大きく変容された時期について、第一に明治維新、第二に一九四五年の敗戦、そして第三に二〇一三年の第六二回式年遷宮《しきねんせんぐう》、二〇一六年の伊勢・志摩サミットに至る三つの区分に分けて考えます。

## Ⅰ　明治維新後の伊勢神宮

二〇一三年の式年遷宮には、この年だけで約九〇〇万人に近い人々が伊勢神宮を訪れました。その人数は、伊勢神宮が七世紀に建設されて以来最大の人数となります。

式年遷宮とは、定められた年に（式年に）、祀られている神が社殿を遷《うつ》ること（遷宮）です。

伊勢神宮にはたくさんの神々が祀られていますが、主には内宮に祀られている天照大神と外宮に祀られている豊受大神《とようけおおかみ》があります。それぞれの社殿が建っている土地には、同じくらいの空き地が隣接しています。二十年ごとにその空き地に新しい社殿が建ち、その後には祀られている神が古くなった社殿から新しい社殿に引っ越しをします。二〇一三年に行われた式年遷宮のために総事業五七〇億円がかかり、一万四千本の檜の木が伐採されました。

このように、伊勢神宮は二十年ごとに式年遷宮によって古いものから新しいものによみがえることを繰り返します。古い歴史を持つ神社であると同時に、常に新しく変わりゆくという側面も同時に持っています。

しかし、伊勢神宮がその存在の在り方を大きく変貌させたのは、明治維新の産物であると言っても過言ではありません。伊勢神宮の景観も、儀礼や儀式も、それを執り行う神職もこの時期に大きく変えられます。特に伊勢神宮と国家との関係、天皇との関係、国民との関係が大きく変容させられたのはこの時期を境にといってよいと思います。近世には庶民の聖地であった神宮が、近代になって国家権力と密接な関係を持つ聖地に変貌されます。

伊勢神宮は七世紀からその場所にあり、明治維新以前の古い歴史を持っています。そして、天照大神を祀るという変わらない側面を維持し続けています。伊勢神宮を近代の神宮へと変えようとした維新政府も、伊勢神宮が持つこの歴史を強く意識していました。同時に、伊勢神宮を変えた担い手たちは、近代国家のニーズに合わせて、以後の伊勢神宮をかたちづくっていきました。

それは伊勢神宮の変容のみならず周囲の都市を大きく変え、それどころか日本国家というものを大きく変容させる大きな役割を果たしました。この時代の伊勢神宮の変遷は多岐にわたりますが、主に天皇との関係、国家との関係、国民との関係の変遷にしぼって概観していきます。

### ◆天皇と伊勢神宮

七世紀に伊勢神宮が建てられてから一九世紀まで、天皇は一度も伊勢神宮を参拝したことがありません。歴代天皇がその祖先神である天照大神を祀る神社を参拝しなかったのは、京都御所の内侍所《ないしどころ》に天照大神を祀る神鏡《しんきょう》が存在していたからで、また同時に斎王《さいおう》（未婚の皇女）が戦国時代まで伊勢で天照大神に仕えていた等の理由があったためと思われます。伊勢神宮は、伊勢を中心とする庶民の信仰の拠点として大切にされていた存在でした。

天皇が伊勢神宮を参拝したのは、一八六九年の明治天皇による参拝が史上初めてであり、これを契機に天皇と神宮との関係が質的に変わることになります。明治天皇は一八六八年の秋に即位し、京都を後にして東京に向かう際に、行く途中の鈴鹿の関にて伊勢神宮を遥拝します。これが近代天皇と伊勢神宮との関係の始まりとなります。

翌年の一八六九年の正月に一度京都に戻り、四月に再び東京に出発する際に伊勢神宮を参拝しました。右大臣三条実美《さねとみ》、鳥取藩主池田慶徳《よしのり》等に伴われて参拝した明治天皇は、維新政府の成立を報告し、近代日本の発展を祈願しました。このとき明治天皇は一六歳。もちろん、自分の意思で参拝したわけではなく、維新政府の中枢であり、公家であった岩倉具視《ともみ》、長州藩の木戸孝允《たかよし》、また神社政策を委託された津和野《つわの》藩の亀井茲監《これみ》、福羽美静《ふくばびせい》に命じられての参拝でした。

参拝の目的は、維新政府が成立したことへの報告や祈りだけではなく、伊勢神宮が語る神話の内容にこそありました。伊勢神宮が祀っている天照大神が、歴代天皇の祖先神であり、歴代天皇は天照大神の血を分けた子孫であり、天皇は時間と空間を超越した神聖な存在であるという『日本書紀』を始めとする『記紀神話』に記される神話に則《のっと》り、天皇の参拝は〝天皇は時間と空間を超越した神聖な存在である〟ということを証明し、この神話を体現させるために行われたものでした。神話は王政復古を権威づけるために必要不可欠なものであり、特に近代の天皇は、この神話の主役である天照大神と密接な関係を確立することになります。このような神話に基づいた天皇の権威付けが、天皇の正統性と優位性、天的な存在としての独特のアイデンティティを確立するための重要な戦略だったからです。維新政府がこのような天皇神話を支え、それを盛り上げるためにさまざまな仕組みを創り上げる中で、伊勢神宮が持っている神話は、その中でも重要な核となるものでした。

以後、伊勢神宮は庶民の癒しと信仰を集める巡礼地ではなくなり、国家君主の祖先を祀る神社として、国家にとっての聖地へとその存在を変えられていくようになります。

まず維新政府は、伊勢神宮を神祇官（一八六九年）、神祇省（一八七一年）、教部省（一八七二年）、最後は内務省（一八七七年以降）といった国家機関の管理の下に置きました。そして、終戦まで国家機関の一部として経済的な支援を行いました。国家が一貫して経済的にも優遇したのは、靖国神社と伊勢神宮だけでした。

伊勢神宮が国家の管理下に入ると同時に、さまざまな改革政策が行われました。その主導権を握ったのは内宮神職の浦田長民《うらたちょうみん》です。浦田は、天皇がいる東京と天照大神がいる伊勢との間に一体となった関係を築くことを目指しました。まず宇治と山田に根差していた仏教をことごとく取り除き、天皇の中には仏教を信仰する者もいたという事実を徹底的に排除しようとします。つまり、歴代天皇が天照大神の子孫であるという神話を妨げるものを徹底的に除外し、伊勢の地から仏教を徹底的に除き去ろうとします。やがて明治政府は神仏判然《しんぶつはんぜん》（分離）令を全国的に展開し、宇治山田の仏教施設を取り壊し、僧侶を追放することまでします。町の人々の葬式も一斉に神葬に塗り替え、町の名前も仏教的な名前を神道的な名前に改名させました。

改革は伊勢神宮周囲だけではなく、伊勢神宮本体にも向けられました。その経済を支えるための御師《おし》制度（神宮、神社に属し、依頼により代祈禱を行う祈禱師）を廃止し、国家管理としました。そのためにお祓い大麻の配布、集金が一時滞り、伊勢神宮の経済は一時ひっ迫するということが起こります。

当時、国からの支援金も減らされる傾向にあり、伊勢神宮は昔の御師を中心に太々講《だいだいこう》（伊勢参りをして太太神楽《だいだいかぐら》を奉納する費用を積み立てた組合）の制度を復活させようとしましたが、太々講の組織も国家管理となり、各地方自治体の協力と伊勢神宮を中心に国家管理の奉賛会へと移行することになります。以前までは御師を中心とする太々講によって伊勢神宮の教義も広められ、全国組織の内にお祓いの大麻も配布され、参拝の動員も行われていたものを、神宮院を中核として各地に置かれた神宮教会をもって伊勢神宮の教義を各地にて教化、宣伝に努めるようになりました。伊勢神宮を始めとする神社は、教部院の管轄下に置かれ、それらは仏教やキリスト教、新興宗教のような「宗教」ではないものとして、その教義が広められました。

伊勢神宮の宮司の選任も世襲が廃止され、政府が任命する者が宮司となりました。

伊勢神宮は何よりも祭儀の場であり、祭儀（祭祀）を執り行うことがその中心ですが、その祭儀の内容も、天照大神と天皇との関係を結びつけるもの、皇居と神宮の有機的な関係を強化するかたちで大きく変えられていきました。大祭の中に新たに元始祭、祈念祭、新嘗祭が、そして中祭の中に天長節祭《てんちょうせつさい》、紀元節祭《きげんせつさい》等が加わり、皇居での天皇による祭祀の中にも神嘗祭等、伊勢神宮特有の祭祀が同日の同時間に天皇によって行われるようになりました。

このように国家管理によって大改革されることによって庶民的な伊勢神宮の姿は薄れ、一時期は参拝客が激減するという事態に陥りますが、逆にその後、国家管理によって全国的にその祭祀が広められ、行われることによって、やがて全国の全世帯に伊勢神宮の参拝は徹底されていくようになっていきます。また伊勢神宮の式年遷宮も、やがては天皇の裁下で行われるようになり、天皇の許可によって（一九〇九年）から天皇の勅裁《ちょくさい》によって（一九二九年）と変化します。

### ◆国家儀礼となった伊勢神宮の祭祀

一八八九年の式年遷宮においては、参列した権力者は三重県知事のみでしたが、一九〇九年の遷御《せんぎょ》（神体を旧殿から新殿へ移す儀式）においては内務大臣と神社局長が参列。一九二九年に至っては、当時の内閣総理大臣浜口雄幸《おさち》が参列。衣冠姿に総理大臣が着替えて、内務大臣、宮内大臣、枢密院議長、貴族院議長、衆議院議長、国務大臣総代他、また陸軍、海軍大将総代を引き連れて参列し、国家儀礼的な性格を明らかにしました。また歩兵第三三連帯の一個大隊三〇〇名が儀仗《ぎじょう》兵として参列に加わりました。

伊勢海上においても海軍の戦艦、潜水艦がイルミネーションを飾り、遷御儀式を国家の軍隊が守るという仕方で大々的にアピールを行うようになりました。

### ◆国民と伊勢神宮――美濃ミッション事件

一九二九年の遷御は、伊勢神宮周辺でのみ起こったイベントではなく、新聞各紙に大々的に書かれ宣伝され、各地にて同時刻に遷御儀礼と同じイベントが行われました。各地で行われる同時刻の祭儀には、各県の知事や要職にある者が参列しました。

国民にとっての伊勢神宮の存在は小学校教育で徹底して教え込まれ、学校教育の普及に伴い、全国民的に伊勢神宮の教義が日本の歴史として教えられました。聖地エルサレムへの巡礼と同じものとして、生涯に一度は巡礼する聖地として子どもたちに教えられ、また伊勢神宮への修学旅行は、伊勢参拝が国民にとっての義務であり名誉であると教化する大きな役割を果たすようになりました。新聞各紙、ラジオのメディアも全国民的に伊勢神宮参拝を宣伝しました。

この中で、伊勢神宮と信教の自由との関わりにおいて最も重要と思われる「美濃ミッション事件」に触れたいと思います。「美濃ミッション事件」は一九二九～一九三〇年と、一九三三年の二回起こり、第一回目は岐阜県大垣市内にある神社の参拝を拒否した事件、第二回目は伊勢神宮参拝旅行を拒否した事件です。

一九二九～一九三〇年、大垣市内の学校生徒らは学校行事として、地元の神社の祭礼などに参拝していましたが、美濃ミッションに属する生徒らは、神社参拝の欠席・不参加を願い出ます。それが「非国民教育を押しつける重大問題」として市議会にまで問題として取り上げられることとなりました。

また大垣市では毎年小学六年生が、伊勢神宮参拝旅行をしていました。一九三三年に美濃ミッションに所属する生徒が参拝旅行を拒否したため、その弟ともう一人の女子生徒の五年生二人も共に非難を受けて、無期限の停学処分になりました。伊勢神宮参拝拒否においては大垣市内のみに治まらず、軍や政治家を巻き込んで、日本全国にこの事件が報道されるようになり、「美濃ミッション排斥運動」は全国的に激化することになりました。

「美濃ミッション排斥運動」激化の中で、佐藤信夫農学校校長（日本キリスト教会大垣教会員）は「旧約聖書を一字一句信じるような者は、ミッションだけ。……ワイドナー氏の問題の如きは、我々キリスト教徒も非常に迷惑を感じている……」と語りました（美濃ミッション『神社参拝拒否事件記録〔復刻版〕』一九九二年、一一八頁）。

また、彼は一般新聞（「美濃大正新聞」一九三三年六月二九日）に次の記事を掲載しています。


「我々は旧約聖書を聖典として尊重はするが、それは論語や古事記と同程度である。……我等キリスト教徒の排斥するのは、祭神が不明であったり、逆臣盗賊であったりする偽社である。狐狸や蛇のごとき万物の霊長として敬意を表す能わざる下等動物を祀ってある淫祠なのである。国家が奉祀する官国弊社は申すに及ばず由緒ある県社郷社に対しては、御

祭神の御写真と同様の敬意を表すものなることを明言する。」（同書、一一九頁）

さらには日本キリスト教会の浅倉重雄牧師は、以下の記事を新聞（同紙、一九三三年七月二日）に掲載しました。

「我等は神社と淫祠とを区別する。我等は逆賊平将門の首塚や胴を祀りしもの、或いは狐狸祠を拝まない。然し上は伊勢大廟、明治神宮より末、村社、郷社にいたるまで、およそ祖先、国忠の士を祀る神社に対しては礼を厚くし、低頭して深甚の敬意を表す事を怠る者ではない。またそれを敢えてなすことが、自分のキリスト教信仰に何等の差し支えを生ずるものでもない。」（同書、一二三頁）

これらは、神宮への参拝が臣民の当然の義務としていかに根強く定着していたか、それを拒否する者への社会からの排斥に対して、キリスト教会もまた怯えていた事実を物語る実例です。

## Ⅱ　神道指令と伊勢神宮

明治維新と同様に、一九四五年の日本敗戦は、伊勢神宮にとって第二の大きな転換期となりました。特にＧＨＱが一九四五年一二月一五日に公布した「神道指令」は、国家神道を解体する目的を持ち、伊勢神宮の国家との関係は絶たれることとなりました。伊勢神宮は「宗教法人神社本庁」の本宗として法的な位置づけを変え、日本国憲法第二〇条三項の「政教分離原則」及び同八九条の宗教団体への公金の支出の禁止によって、国からの特権的な地位を失うことになりました。しかし、名目上の国家との関係は絶たれたかのように見えても、かつて国家管理を支えた伊勢神宮が国家の祭祀であり、それは一私的な宗教を越えた非宗教であるとする理解は根強く残り、戦後もあらゆる場面で断絶せず継続することとなります。

### ◆伊勢神宮は大廟《たいびょう》か？　または神社か？

「宗教法人神社本庁」の本宗となった伊勢神宮は、「宗教団体」としての側面を明確に持ちつつも、神社界はそれを民衆の信仰の対象とすることについて、当時ＧＨＱ宗教行政顧問であった岸本英夫に対して「神宮の本来の意義は、民衆の信仰の対象というよりは、むしろ、皇室の大廟である。その点を強調して、その線で伊勢を守ってもらいたい」と申し入れています。

「大廟」とは、天皇の祖先の霊を祀る霊廟のことですが、「天皇の祖先神を祀る」とする以上、国家的、公的な性質を帯びている、さらには公的な援助、もしくは国家護持を必要とするという主張がこの言葉には込められていました。

神道学研究の宮地直一《みやじなおかず》、青年神社懇談会主宰の葦津珍彦《あしづうずひこ》も、伊勢神宮は大廟であるとの主張に基づき、伊勢神宮を宮内庁の管轄に置く路線で進めていました。GHQはそれに対して、もし伊勢神宮を「廟」とし、宮内庁の管轄下に置くのであれば、一般国民の参拝を禁止するとしました。神社界は、宮内庁の予算では神宮の維持費が賄いきれないこと、長い期間にわたって国民の参拝が途絶えると、国民の意識も薄れてしまうことを恐れ、大廟として国家護持する道を断念し、宗教法人として生き残る道を選びます。

宗教法人である「神社」として生き残る道を決断した伊勢神宮ですが、国家護持こそは行わないまでも「大廟」としての意識をもって、国の祭祀、公的な祭祀としての位置づけを国民一般に教化し、国民と新たな関係を築くという道をとりました。そして、民衆に信仰を伝える存在でありながらも、公的な存在である天皇の祖先神を祀る皇室と特別な関係を持った神社として、戦後の歩みを始めることとなりました。

「神宮規則」には、大宮司の選任は勅裁を必要とすることとなっていて、戦前同様に祭主は皇族であることが明記されています。このように皇族と特別な関係、国との密接な関係が、宗教法人規則においても維持されることとなりました。また正式名称が「伊勢神宮」ではなく「神宮」とされたことも、戦前からの連続性を強調するものでした。神宮が執り行う祭祀も、戦前と全く同じものが踏襲されました。

ＧＨＱもまた、伊勢神宮の宗教法人境内地（内宮、外宮、その他の別宮）七万四千六四四ヘクタールの総面積を国立公園として指定する許可を与えるという異例の便宜を図っています。これは、神宮に好意的であったＧＨＱのウイリアム・Ｄ・ポパム大尉によって受諾され、認められたものです。ポパム大尉によるこの許可は、樹齢六〇〇年の境内林の優麗さ、社殿の木造建築の文化的価値を認めたことによるものでしたが、神宮に公的な存在である位置づけを与えるような効果を生んだのも事実でしょう。

宗教法人でありながら公的な存在である天皇と密接な関係を持つ「大廟」として、公的な存在なのか、そうではないのかが実質あいまいなまま、「神道指令」は伊勢神宮に対して適用されたことになります。

## ◆式年遷宮の復活と奉賛会組織

神宮の国家護持が断念される一方で、神宮の財政を支える基盤が必要となります。特に一九四九年に予定されていた第五九回式年遷宮は、敗戦の五年前の一九四〇年から準備が始められ、膨大な費用がつぎ込まれながらも、敗戦後の「神道指令」の公布に伴い延期されたままとなっていました。いずれ行われるであろう第五九回式年遷宮の巨額支出に備えて、式年遷宮奉賛会が組織されました。以後、神宮の財政の主要な基盤を奉賛会が担うことになります。

奉賛会役員の顔ぶれを見ると、奉賛会総裁は女性として初めて神宮祭主となった北白川房子《きたしらかわふさこ》(明治天皇第七皇女)、会長は当時現役の佐藤尚武《なおたけ》参議院議長、副会長理事長は徳川宗敬《むねよし》参議院議員、その他、生命保険協会会長、大阪商工会議所会長が副会長を務めました。常務理事には、神宮崇敬総代、神宮の小宮司、経団連事務局長、全国銀行協会事務長らが担っています。

政治と財界、宗教界のトップが合同して奉賛会事業を支えていることがわかります。奉賛会の本部は神宮司庁に、事務局は神社本庁に置かれ、その下で各都道府県地方支部が置かれます。地方支部においても政・財・宗教界が一体となった役員が組織され、神宮の財政を維持する主体となりました。

奉賛会の募金活動は予想以上の好成績を上げ、当初目標であった五億円を超えた七億円が集まり、当初計画していた一九五九年を繰り上げて、一九五三年一〇月に第五九回式年遷宮が実現することとなります。奉賛会は神社本庁と共催で、一九五一年から積極的な宣伝活動を実施し、東京三越で「式年遷宮奉賛美術展」を開くなど展覧会を全国で開催し、国民の関心を集めます。ここでは宗教的関心よりも美術的な伝統・文化価値をアピールした宣伝が行われました。

一方で神社本庁は、伊勢講の結成を地域の神社に促し、伊勢講を通じて神宮大麻の配布を行い、全国各地からの伊勢参拝を促します。奉賛会が一九五一年に作成した『第五九回神宮式年遷宮の栞』には「信仰」と「宗教」が強調されています。「日本人の信仰は伝統的である」「皇大神宮に対する信仰は千数百年の昔から易《かわ》ることなく、今日に及んでいる」と日本人の神宮への思いを「宗教」「信仰」としての側面を宣伝強調しました。

芸術・文化・伝統として宣伝される側面と、信仰・宗教として宣伝される側面が双方向から合わさって、伊勢への信仰こそが日本の伝統であり文化である、という主張が総合的に演出されたことになります。

マスコミも式年遷宮に対してキャンペーンを張り、新聞各紙が式年遷宮に特集記事を組み、掲載しました。大手私鉄である近畿日本鉄道は、式年遷宮を画期的なチャンスととらえ、駅の増改築、特急の増設等を行い、宣伝を大々的に行いました。式年遷宮の行われた一九五三年の神宮参拝者数は、前年の一五〇万人に対して二四〇万人となり、その後一九六〇年代にわたって右肩上がりとなります。

## ◆公的性格を存続する伊勢神宮

戦後初めて行われた第五九回式年遷宮儀礼の際、昭和天皇は東京の皇居にいました。一〇月二日早朝に始まる遷御儀式において、天皇は午前八時に皇居内の神嘉殿の南庭に移動し、御仮《おかり》屋《や》で伊勢神宮の方角に向かって正座しました。天照大神が本殿を出立する時刻に、天皇は天照大神に向かって遥拝しました。

また天皇は、勅使である甘露《かんろ》時《じ》受長《おさなが》と大宮司佐佐木行忠《ゆきただ》を選任し、神宮に派遣しています。これらが公人としの行為なのか、私人としてなのかは定かではありません。憲法に定められた天皇という公的地位にある者の行為であるうえでは公的でありますし、プライベートとして行ったとすれば私的とも言えますが、しかし天皇が行った行為として注目されていたという事実においては、公的な性格は拭えません。少なくとも公的存在である天皇は自ら場所は別としても遥拝し、勅使らを派遣することを通して式年遷宮に関わりました。

公的な性格を明確にしたものとして、堤《つつみ》康次郎《やすじろう》衆議院議長、河合弥八《やはち》参議院議長、緒方竹虎《たけとら》副総理大臣、安藤正純《まさずみ》、木村武雄の二名の閣僚、全国知事会の副会長を始めとする都道府県知事らが参列したことが挙げられます。これら国権の長の公職にある者らのこぞっての参列は、式年遷宮という行事が一宗教団体の行事を超えた国家的なもの公的なものであるという性質を否応なく特徴づけました。

## ◆伊勢神宮の国有化への試み

一九五三年の第五九回式年遷宮に、公的立場にある者らが参列した出来事を契機に、伊勢神宮が公的存在であるか否かの論議が起こります。鳩山一郎首相は、一九五六年に「宗教法人審議会」を立ち上げました。この審議会設置の目的は、伊勢神宮の公的性格を確立させ、一九五一年に成立した宗教法人法の改正を目指すものでした。この審議会での神社司庁、神社本庁らの主な主張は、一九五一年の宗教法人法は「神道指令」の精神で立法され、神宮の国家的公的性格の抹殺を図ったものである。ゆえに、日本の古来からの歴史と伝統を有する神宮にはふさわしくない、というものでした。これに対して他の宗教団体代表らは、天皇の公的地位と宗教的神宮とは関係がなく、天皇個人としての信仰は自由であるが、天皇の公的性格では法的な関係は認められないと主張し、意見の一致は見られませんでした。

神社界は審議会での議論が思うように進まないことを受けて、今度は政府や国会議員に要請を行う方針に切り替え、一九五七年、神社界の要請による「皇室と神宮との制度的関係の是正」を岸信介内閣総理大臣に呼び掛けました。岸政権下の文部大臣松永東《まつながとう》は、その翌年の一九五八年に「伊勢神宮は一般の宗教とは同列にできない特別扱いを要するものであって、神宮の鏡は国家による保護を必要とする」旨の発言をし、同年秋に神社問題を調査するための特別委員会を自民党内に立ち上げました。

同時に神宮司庁は、神社界全体の統一意見として「神社司庁による神社制度改革案」としてまとめて政府に提出します。その内容は次の四項目でした。

① 伊勢神宮の鏡と賢所の鏡を、天皇の地位と不可分であることを認めよ。
② 天皇が伊勢に対して行う式年遷宮などの儀式を、天皇の国事行為として認めよ。
③ 伊勢神宮が天皇の祖先を祀る聖地であることを公認せよ。
④ 神宮は内宮、外宮等の施設と敷地を国家に返し、それらを皇室用国家財産として認めよ。

これらの要求は、伊勢神宮の脱宗教法人化、国有化を求めたものであり、天皇の神宮参拝を国事行為とすることを目指したものでした。

内閣総理大臣の伊勢神宮参拝は、一九五五年の鳩山一郎参拝、一九五七年の石橋湛山《たんざん》首相参拝、一九五八年の岸信介首相参拝、一九六〇年の池田勇人首相伊勢神宮参拝と続きましたが、一九六五年の佐藤栄作首相年頭の伊勢神宮参拝以降は、毎年の年頭の参拝が定着することになります。特に岸信介首相の伊勢神宮参拝においては、一九五八年一月四日の朝日新聞朝刊によると「非公式のふれこみにもかかわらず、随行者六十余人、二十余台を連ねる豪勢」であったようで、「押し寄せる参道の人波をかき分けながら、首相は終始ニコニコ顔であった」とも記録されています。これはメディアを意識して、首相の参拝が公的な性格のものであり、政教分離原則の事実上の制限を宣伝し、伊勢神宮が宗教法人である以上に国家的な性格を持つとの宣伝と国民の意識の定着を狙ったものと思われます。

岸が日米安保条約調印の問題で退陣を余儀なくされることで、政教分離原則等の憲法改定は実現しませんでした。次の首相である池田勇人もまた首相就任時に伊勢神宮を参拝して報告することを行った人ではありますが、伊勢神宮の脱宗教法人化と政教分離原則の改定にまでは手が届きませんでした。

池田勇人首相を揺さぶるために、神社界は、三重県代表の国会議員浜地文平《はまちぶんぺい》を通して池田勇人首相への質問主意書を提出させました。主な質問は次のとおりです。

① 伊勢の鏡は、皇祖が皇位継承者たる皇孫に授けたもので、天皇の地位と不可分だと思うが政府の見解はいかに。

② それは天皇の鏡だとすれば、神宮はこの鏡を預かっていることになる。神宮と鏡の関係について政府の見解はいかに。

③ 宮内庁はこの鏡を保存する何らかの支持を神宮に行うべきと思うが政府の見解はい

かに。

これらの質問の狙いは、神宮の鏡が公的性格を持つものとして認められ、神宮もまた公的な存在であることが公認され、皇祖（天照大神）が皇孫（瓊瓊杵尊《ににぎのみこと》）に授けた鏡が、日本国統治の印として代々の天皇によって受け継がれているとする『日本書紀』の神話が公認されることを求めたものでした。

この質問主意書に対する池田の回答は、「神鏡は、皇祖が皇孫に授けた八咫鏡《やたのかがみ》である。……記紀神話によれば天皇は預けたのではなく、祀らせたのである。鏡は皇位を離れたのではなく、永遠に皇位と共に伝わるものである」という回答をしています。

これは明らかに、八咫鏡の公的な性格を公認したものであり、同時に『日本書紀』の神話を史実であるかのように権威づけるものでした。神社界はこれを「今や政府も当然のことを当然のこととして公式に公表するに至った」（『神社新報』一九六〇年一〇月二九日）と歓迎します。この答弁書は、政教分離原則によって神社と国家との関係を絶つことによってスタートした戦後史に、大きな禍根を残すものとなりました。

ちなみに、同時期に政教分離原則をめぐって提訴された裁判に「津地鎮祭《づじちんさい》違憲訴訟」がありました。一九六五年に津市体育館建設起工式が行われた際に、市の職員が式典の進行係となり、大市神社の宮司ら四名の神職主催のもとで神道式に則った地鎮祭が行われ、公金から挙行費用が支払われたことに基づき、津地鎮祭違憲訴訟が提訴されました。最終的に一九七七年、最高裁大法廷は「国家と分離される『宗教』については、信教の自由の場合と異なり、宗教だと考えられるものすべてを指すと考えることはできない」とする立場に立って、「当該の行為の目的が宗教的意義をもち、その効果が宗教に対する援助、助長、促進、又は圧迫、干渉になるような行為」に政教分離原則は限定されて、宗教行事であっても社会通念によって一般に習俗として認められているものは、これには該当しないとし、合憲の判断を下しました。

## ◆伊勢神宮と天皇との関係

最後に伊勢神宮の国家的存在を現すものとして、式年遷宮における天皇と神宮との関係が挙げられます。戦後第二回目の式年遷宮の準備の開始にあたって、一九六四年三月に伊勢神宮大宮司坊城俊良《ぼうじょうとしなが》は、第六〇回式年遷宮の「ご準備を始めてもよろしいでしょうか」と天皇にうかがい、宮内庁から「ご準備について大宮司においてとり進めるということについて御聴許《ごちょうきょ》あらせられた」との返事が来て、これを受けて第一回式年遷宮準備委員会が開催されました。昭和天皇は、宗教法人である神宮の大宮司に準備を始めよとの許可を与えたことになります。

「第六一回の遷宮は、前回と違って、天皇陛下の御発意によってはじめられたという意味で、その公的意義に一歩近づいた。遷宮制度上、大きな前進である。そのため、天皇垂範、聖旨奉戴、国民協賛の遷宮ともいわれる。すなわち、昭和五十九年二月三日、当時の二条神宮大宮司が宮中に参内、陛下より遷宮の準備について、

大宮司の責任において取りすすめよ

という意味の勅旨を賜ったことから準備が始まった。そのお言葉に従って、神宮では準備の具体的な内容、見込みなどについての書類を、三月二十日に宮内庁長官に提出、四月四日に聴許になった旨の回答を得て、準備がはじめられることになった。」

（茂木貞純、前田孝和『遷宮をめぐる歴史――全六二回の伊勢神宮式年遷宮を語る』一一九頁）

また一九六六年に天皇と皇后は伊勢神宮に対し「御内帑金《ごないどきん》」を下賜し、それ以後、遷宮が行われる一九七三年まで毎年繰り返されました。式年遷宮当日の一九七三年一〇月二日に昭和天皇は、勅使と共に天皇の次男常陸宮正仁《ひたちのみやまさひと》を伊勢神宮に派遣し、遷御行列に参列させました。そして一〇月末には大宮司が再び天皇に拝謁して、無事に式年遷宮が終わったことを報告し、天皇から「御言葉」を受けています。また翌年の一九七四年一一月に天皇と皇后は「神宮親拝」を行いました。このように式年遷宮は天皇の「御聴許」で始まり「親拝」で終わっています。

また特筆するべきこととして、天皇が式年遷宮に参拝する際に、剣と勾玉を皇居から携帯して神宮参拝をしたことがありました。戦前において、天皇が一日以上皇居から離れる場合は剣璽と共に天皇は移動をすることが習わしとなっていました。この習慣は『日本書紀』にある天《てん》壌《じょう》無《む》窮《きゅう》の神勅に基づくもので、戦後、ＧＨＱは天皇の皇位神聖性を否定するためにこの習慣を廃止しました。しかしこの式年遷宮における参拝の際に、天皇は戦後廃止されていたものを意図的に復活させたことになります。

## Ⅲ　二〇一三年第六二回式年遷宮以降の伊勢神宮

戦後において伊勢神宮の脱法人化・国有化を目指す政治への働きかけが不断に行われてきたことを見てきました。にもかかわらず、これらの試みは実現しませんでした。一九六四年の春に池田勇人首相は、式年遷宮の費用を国費で賄うことを検討する発言をし、翌年の国会予算委員会でも提案をしましたが、憲法二〇条及び八九条の遵守を譲らない内閣法制局長官らの反対意見によって予算化には至りませんでした。

しかし、戦後四度目を迎える第六二回式年遷宮前後を境に、今度は政治への働きかけだけではなく市民の意識において伊勢神宮が特別な存在で、日本の文化・伝統にて定着した習俗であるという戦前同様の「神宮非宗教論」が大きな高まりと定着を見せつつあるように思います。それは歴代政権が、年頭の伊勢神宮参拝を常態的に行い、それをマスコミに猛アピールするかたちで行い、決まって参拝後に神宮司庁内で政府の公式の年頭の記者会見を行うことによって、伊勢神宮にて公的立場にある者が年初の公務の初めに参拝することが当然のこととの認識が宣伝・強化され続けた長年の継続効果の表れでもあるでしょう。以下、市民の意識の中における伊勢参拝の習俗化の表れを数点挙げることにします。

### ◆伊勢・志摩サミット

二〇一六年五月二六日から二七日にかけて開催されたＧ７伊勢・志摩サミットにて、各国首脳を伊勢神宮に案内し「訪問」させたことは、絶大な宣伝効果があったと思われます。

安倍首相は、二〇一五年六月、サミット開催の発表時、開催地として伊勢・志摩に決定した理由として、伊勢神宮に対して「日本の精神性に触れるには大変良い場所だ。Ｇ７のリーダーに訪れていただき、荘厳で、凛とした空気を共有できれば良い」と述べました。伊勢神宮を「宗教法人」としてではなく、日本の文化・伝統として世界各国に紹介したこともまた、神社非宗教、習俗化論を進める大きな宣伝効果であったと思われます。

伊勢・志摩サミットにおいて各国首脳は、伊勢神宮内宮の「神域」で鷹司尚武《たかつかさなおたけ》大宮司に迎えられ、正殿を囲む外玉垣の内側、普段は一般参詣客が入ることのできない特別な空間、「御《み》垣内《かきうち》」まで案内されました。「御垣内」は、神職が装束を着用して奉仕する「神聖」な空間であり、「御垣内参拝」は、伊勢神宮の重要な参拝方法であり、「正式参拝」「特別参拝」とも称されるものです。

しかし、その場所に案内された各国首脳は、もちろん礼拝をしたという意識はなく、美しい景観を楽しんだという意識であったでしょう。知らず知らずのうちに、天照大神への拝礼行為が日本の文化・伝統として定着しつつある今日を迎えています。

## ◆観光における政教連携

訪日外国人観光客数が過去最高の数字となる中で（二〇一七年、二八六九万人）、神社仏閣等の宗教施設に観光客を呼び寄せるため、市町村などの自治体に対して公金の援助支出を求める事例が多々出始めました。「宗教」である以前に「日本の精神に結びついた伝統文化を伝える」として、政教分離原則を過度に恐れず、むしろ「政教連携が必要」との観光産業を中心とする要請です。宗教的要素を前面に出さず「パワースポット」などの触れ込みを強調して、あたかも「非宗教」であるかのように、自治体の関与を進め、神道行事であっても、日本の伝統や文化として推進している動きが随所に見られます。

伊勢市も、伊勢神宮近くの市有地にムスリムの礼拝施場所設置を二〇一九年度に着手するべく計画し、予算まで決めました。観光案内所の一部を、手足を清める多目的スペースに修繕し、ムスリムの伊勢神宮の訪問客増を狙うというものです。政教分離原則に基づく反対の声で一時は中止しましたが、予算化した事実は変わらず、いつでも実行できる段階となっています。

### ◆革新野党代表らによる伊勢神宮参拝

政権与党による年頭の伊勢神宮参拝は恒例行事となっていますが、二〇一九年一月四日においては、立憲民主党の代表枝野幸男氏を始めとして、福山哲郎幹事長、蓮舫副代表は地元三重県の代表と共に伊勢神宮を集団で訪問し、外宮、内宮の順に参拝しました。また枝野代表は立憲民主党の公式ブログで、「一年の無事と平安を祈願しました」と明らかにし、その事後の記者会見で、「大変すがすがしい気持ちになりました」と感想をのべました。

立憲野党においても同様に年頭の伊勢神宮参拝が行われたことは、リベラル層と言われる市民の意識においても、「靖国は問題だが、伊勢は当然」という意識が定着している表れと思われます。民主党による政権交代時においても、二〇一〇年一月四日に鳩山由紀夫首相は、自民党同様に伊勢神宮を参拝していました。

# おわりに

伊勢神宮は二十年に一度、式年遷宮によって新しくよみがえるという、時代に即応した姿に変わる一面と、根強く変わらない民衆の日常に深く入り込んだ天照大神を祀る祭祀の中心としての聖地という両面を強く持っています。特に明治以降、その役割は国家的公的なものとして強化され、大きな変貌を遂げました。戦後、敗戦によって国家との関わりは廃止、変更を求められながらも民衆の内側に日本の文化・習俗のみならず日本の国家社会を基礎づける公的な存在として、時代を隔てた現代においても人々の心を取り込み続けています。それは政治、財界、商業、文化、風俗を巻き込んで、日本の繁栄を求める信仰であり、文化であり続けています。かつてのアジア諸国への侵略による繁栄を支え続け、戦後は高度経済成長を支えた財界の繁栄を求める文化の中心であり続けました。

使徒パウロのエペソにおける福音宣教の結果、アルテミスの神殿において数々の偶像を販売して巨万の富を得ていた銀細工人協会は、存亡の危機に恐れおののきました。それは、アルテミスの模型を販売する銀細工人協会だけではなく、都市の繁栄を支える産業界全体にとっても大きな脅威となりました。日本に置かれた教会が、この繁栄の都市の中で福音宣教をするということが、同様の影響と衝撃をこの日本社会にもたらすほどの宣教となり得るのか。美濃ミッションの事例から学ぶ者でありたいと思います。

## 参考文献

ジョン・ブリーン『神都物語――伊勢神宮の近現代史』歴史文化ライブラリー四〇五、吉川弘文館、二〇一五年
ジョン・ブリーン編『変容する聖地伊勢』思文閣出版、二〇一六年
美濃ミッション『神社参拝拒否事件記録 復刻版』美濃ミッション発行、一九九二年
山口輝臣篇『戦後史の中の「国家神道」』山川出版、二〇一八年
茂木貞純、前田孝和『遷宮をめぐる歴史――全六二回の伊勢神宮式年遷宮を語る』明成社、二〇一二年

# 私たちの信教の自由
## ——天皇代替わりに対して私たちはどのように向き合うか

日本キリスト改革派教会・西神教会　牧師　弓矢健児

### はじめに

二〇一九年四月三〇日から約一年かけて、天皇代替わりに伴う諸行事（天皇の退位・即位に関わる諸行事）が行われます。また、代替わりに伴い四月一日に新元号が公布され、五月一日から施行されます。こうした、天皇代替わり儀式を、私たちキリスト者はどのように考えたらよいのでしょうか。特に、私たちの信教の自由とどのような関係があるのでしょうか。また、そもそも私たちは天皇制とどのように向き合っていくべきでしょうか。そのことを本日、皆さんと一緒に分かち合いたいと思います。

## 一　天皇代替わりの問題が信教の自由の問題である理由

現在、憲法上の天皇は単なる象徴です。それ以上でもそれ以下でもありません。しかし、歴史的な存在としての天皇は皇室神道の祭司であり「カミ」であり、毎日、皇居の中の宮中三殿で宗教儀式を行っている極めて宗教的な存在です。したがって、天皇代替わりの諸行事は、神道の宗教儀式と深く結びついてきました。特に、「明治維新」によって成立した祭政一致の国家神道体制の下では、天皇代替わりに伴う宗教儀式は、国家的行事として行われました。

敗戦後は、日本国憲法における国民主権と政教分離原則の下、天皇は主権者ではなく象徴となり、国家神道も否定され、神社も民営化（宗教法人化）されました。それにもかかわらず、戦後も皇室神道は温存され、今から約三十年前に行われた裕仁天皇の代替わり儀式は、明治憲法下の国家神道体制のもとで公布された旧皇室典範と登極令を踏襲した形式で行われました。

すなわち、前回の天皇代替わりの諸行事は、天皇が主権者であり、国民は天皇に仕える臣民であるという前提で、「天皇家の宗教」である皇室神道の儀式に則ってなされたのです。さらには、国事行為ではなかったものの、皇室神道の私的な宗教儀式である大嘗祭に「公的性格が強い」などとして、二二億五〇〇〇万円もの多額の公費（宮廷費）が投入されました。つまり、前回の天皇代替わりの諸行事は、憲法の国民主権の原則、政教分離の原則に明らかに違反する内容でした。

それにもかかわらず、今回も政府は、前回の内容を踏襲するとして、再び、国民主権の原則、政教分離の原則を無視した、天皇代替わり行事を強行しようとしています。それは取りも直さず、私たちの思想・良心・信教の自由に対する侵害に他なりません。

このように言いますと、「イエス・キリストを信じることを否定されているのではないからよいではないか」、「他の宗教への信仰を強制されているのではないから、関係ないではないか」と思う人がいるかもしれません。天皇代替わりの諸行事の問題と、自分の信教の自由、イエス・キリストへの信仰の問題とが結びつかない人もいるかもしれません。しかし、そうではありません。忘れてはならないことは、天皇「代替わり」諸行事は、国事行為として行われるのであり、そこには多額の公費（私たちの税金）が使用されるという点です。

国事行為とは、憲法に基づいて、内閣の助言と承認の下に、天皇が国家的事項に関して行う形式的、儀礼的、名目的な行為のことです。つまり、形式的、儀礼的ではあっても「国家の行為＝主権者である国民の行為」として行われるのが国事行為なのです。したがって、皇室神道という宗教色の強い内容の代替わり行事を、国事行為として行うということは、国民一人ひとりがそのような神道的宗教儀式を行っているということになるのです。

また、公費が投入されているということは、私たちの税金ですから、国民一人ひとりが自分の意思とは無関係に神道的宗教儀式のために献金していることになります。ですから、今のままの内容で、天皇「代替わり」の諸行事が国事行為として行われ、公費が投入されるならば、意識する意識しないにかかわらず、私たち一人ひとりが、神道的な諸行事に強制的に参加させられ、献金させられることになるのです。

これが信教の自由の侵害でなくて何でしょうか。これが個人の思想・良心・信教の自由への侵害でなくて何でしょうか。私たちは、天皇代替わりの問題を、単なる政治の問題であると考えてはなりません。天皇代替わりの問題は、政治の問題であると同時に、私たちの信仰の問題でもあることを自覚する必要があります。さらに言うならば、それはイエス・キリストこそ全世界の王であり、「教会と国家」の主であると告白する、私たちキリスト者と教会の「信教の自由」の問題、イエス・キリストへの信仰の服従の問題でもあるということです。そうである以上、私たちは天皇代替わりの問題について、何が問題であるのかを正しく理解するとともに、私たちの信教の自由を守るために、また、国家がキリストから委託された権能を正しく行使するように、主の御心を大胆に証ししていかねばなりません。

## 二　天皇制と天皇をどのように考えるのか

本書でこれまで見てきたように天皇代替わりの問題は、私たちの信教の自由や政教分離の問題と深く関わっています。そして、天皇代替わりの諸行事は、まさに憲法の政教分離、信教の自由の原則、国民主権の原則に反する多くの問題を抱えています。けれども、そうした問題が生じる根本的な理由は、天皇制という制度が、また天皇という存在そのものが、皇室神道の祭祀を執り行う宗教的存在であるという点にこそあります。そうである以上、私たちは天皇制の問題を避けて通ることはできません。

二〇一八年七月に松谷好明先生が、『キリスト者への問い――あなたは天皇をだれと言うのか』(一麦出版社)という本を出版されました。これはまさに日本の教会、日本のキリスト者に対しての強い問いであり、訴えです。そして、ここで松谷先生も指摘しておられるように、現天皇が個人的にどんなに好感の持てる人であっても、「偶像の神々に仕える天皇は、聖書的キリスト教から見れば、異教の『大祭司』(神官)と言わねばなりません」(同書、二六頁)。そして、国民の目に見えないところで、天皇が一年かけて、ほとんどの時間を費やして行っているのは、皇居の中の宮中三殿(賢所、皇霊殿、神殿)での宮中祭祀であるという事実です。

憲法上の天皇はあくまでも象徴として国事行為をする存在ですが、その裏の顔である歴史上の天皇は異教の大祭司としての宗教的存在です。つまり、天皇には表の顔（憲法上の天皇）と裏の顔（歴史上の天皇）の二面性があるのです。そういう意味で、私たちは天皇が何であるのかということを、憲法の面からも、歴史的宗教的な面からも考察していくことが大切だと思います。

## ◆憲法上の制度としての「象徴天皇制」

日本国憲法の第一章には天皇についての規定がありますが、特にその第一条では、天皇の地位について、「天皇は、日本国の象徴であり日本国民統合の象徴であつて、この地位は、主権の存する国民の総意に基く」と規定されています。また、その第四条では、天皇の権能の限界、国事行為の委任ということで、「天皇は、この憲法の定める国事に関する行為のみを行ひ、国政に関する権能を有しない」と規定されています。「国事行為」とは内閣の助言と承認の下に行われる儀礼的、形式的な行為で、第七条ではその具体的な行為が規定されています。

こういった日本国憲法の規定から明白なことは、憲法上の天皇、すなわち象徴天皇は、戦前のような絶対的主権を持った天皇でもなければ、皇室神道の祭司としての宗教的存在としての天皇でもありません。それは、あくまでも国民主権の下に置かれた「象徴」という一つの制度以上のものではないということです。つまり、「制度としての天皇がどのような存在であるかは、具体的憲法規定からの帰結によって決まるのであって、無原則的に歴史的存在としての天皇を憲法上の天皇と同一視することはできない」のです（横田耕一『憲法と天皇制』岩波新書、三頁）。

そもそも象徴とは、ある現実の姿を鏡のように写し出している具体的な物のことです。したがって、天皇は「日本国の象徴である」という意味は、天皇は「日本国憲法の下にある日本国の姿を象徴している」という意味であり、「日本国民統合の象徴である」という意味は、天皇は「日本国民が統合していることを象徴している」ということです。保守派・右派の人々は、「天皇は日本国民を統合する象徴である」と主張することがありますが、日本国憲法の象徴天皇の規定をそのように恣意的に読み込むことは正しくありません（横田耕一、同書、一六頁）。

また、「日本は天皇制があるから、イギリスと同じ立憲君主制だ」と主張する人々もいます。しかし、これも間違いです。憲法上の象徴天皇は決して君主ではありません。日本国憲法下の天皇には実質的にも、形式的にも行政府の長としての地位も、権能も与えられておらず、イギリスやオランダや北欧諸国のような、いわゆる「君臨すれども統治せず」という立憲君主制ではありません。日本の政治体制は象徴天皇を持つ「立憲民主制」であるというのが正しい定義だと思います。

憲法では主権者は君主や象徴天皇ではなく、国民であるとはっきり規定されています。そして、天皇の地位も、「主権の存する国民の総意に基づく」（憲法一条）とあり、天皇の地位は主権者である国民の下にあるのです。すなわち、憲法上の象徴天皇の地位は、主権者である国民のために象徴としての職務を果たす公僕（公務員）です。だからこそ、天皇もまた公務員（特別公務員も含めて）に適用される憲法九九条の憲法尊重擁護義務の下に置かれているのです。

新約聖書のローマ人への手紙一三章一節で、使徒パウロは、「人はみな、上に立つ権威に従うべきです」と語っています。けれども、国民主権の日本国憲法の下で、「上に立つ権威」とは、主権者である国民によって選ばれた「国権の最高機関」（憲法四一条）である国会及び国会議員です。パウロが語る、「上に立つ権威」の中に象徴天皇は含まれません。象徴天皇は、「上に立つ権威」としての君主でも主権者でもなく、主権者である国民の下にある象徴的存在にすぎないということを、私たちは正しく理解することが大切です。

## ◆宗教的権威としての「歴史的天皇制」

憲法上の存在としての天皇制は象徴としての存在以上でも、それ以下でもありません。しかし、憲法上の天皇制とは別に、皇室神道の祭司として宗教的権威を持った天皇制、すなわち歴史的存在としての天皇制が存在し、それが実際、政治に対して大きな影響を与えてきたという現実があります。ですから、私たちは天皇制を憲法上の制度としてとらえるとともに、同時に、宗教的権威をもった歴史的存在としてもとらえていく必要があります。これが現在の天皇の裏の顔です。

## ①皇室神道の最高祭司

歴史的存在としての天皇の根源には、イネの祭りである新嘗祭をつかさどる、国の最高祭司としての宗教的権威があったと考えられます。古代日本においては毎年稲の実りを確実にするために、神を祭る祭祀行為こそが最も重要な共同体の行為でした。古代国家における天皇の存在は、そうした国家の祭祀行為を司る最高祭司としての権威であり、権能でした（村上重良『天皇の祭祀』岩波新書）。

もちろん、天皇が持っていたそうした宗教的権威は、古代社会の原始神道における宗教的権威がルーツにありますが、大和朝廷による国家統一の中で皇室神道の宗教的権威へと発展していきました。皇室神道とは、簡単に言うならば、原始神道における八百万の神々の頂点に、天皇家の神（天照大神）を君臨させる神道です。これによって古代天皇制国家は、天皇を国家の最高祭司という宗教的権威に高めました。

また当時、六世紀から七世紀にかけては中国から仏教や儒教・道教が日本に入ってきましたが、皇室神道はそういった外来の宗教をも自己の宗教システムの中に取り込むことによって、天皇の宗教的権威を強化していきました。

神道と仏教の融合については昔からよく指摘されてきましたが、それだけでなく神道と道教の関係も最近よく議論されます。以前、「陰陽師」という映画が流行しましたが、陰陽師は、道教＝陰陽五行において、不思議な呪術や占いの力をもった宗教的な存在です。実際に八世紀には朝廷の中に陰陽寮という機関が作られ、陰陽師と呼ばれる人々が吉凶を占ったり、魔を追い払ったりする儀式を行って、朝廷のために働いていました。道教の祭りや儀礼も皇室神道の中に多く取り入れられています。そして、皇室への道教の導入にもっとも積極的であったのが、「天皇」という称号を初めて皇室に導入した天武天皇であったと言われます。

すなわち、皇室神道は原始神道にルーツに置きながらも、その祭儀の中に仏教や儒教、道教等の習慣をも取り組むことによって、天皇の宗教的権威を日本社会の中に広げていったのです。こうした天皇の持つ宗教的権威のゆえに、政治制度としての天皇制はいろいろと変遷があり、天皇の政治権力自体は、鎌倉時代の承久の乱や室町幕府以降、武家によって奪われ、ほとんどなくなってしまったにもかかわらず、宗教的存在としての天皇制自体は、歴史の中で消滅せず存続し続けてきたと考えられています。

**②政治宗教としての歴史的天皇制**

また歴史的天皇は、古代天皇制国家を見れば明らかなように、単に宗教的権威というだけでなく、祭司であり、王である存在、「祭司王」としての存在です。つまり歴史的天皇制は、祭司権と王権が深く結びついた制度であるということです。この点が古代イスラエルにおける祭司や、ローマ教皇などの宗教的権威とは本質的に違う点です。

さらに祭司王である天皇の権威を固くしているのが、皇室神道の天孫降臨神話に見られる、天皇を天の神の子孫と考える思想です。このことの背景には、道教（陰陽五行）の影響が強くあります。というのも、道教では天上の神と、地上の人間との区別を厳密にしません。道教では天の世界に住んでいる神が地上に降りてきて、この世界を治めるという考えがあります。

先に述べたように、もともと「天皇」という言葉は七世紀、天武天皇の時代に中国から入ってきた言葉で、古代中国の道教の世界観における天上の世界に存在する最高神（北極星の神格化）の名前でした。したがって中国では、「天皇」という概念と「天子」という概念を区別しており、「天皇」の命を受けて、地上に降り、世界を治める者が「天子」や「皇帝」と呼ばれました。そのため、中国では地上の君主に対しては、通常「天皇」という名称は使いません。

しかし天武天皇は、自らの権力を絶対化、神格化するために、道教の世界観に基づき、「天子」、「皇帝」という名称ではなく、天の最高神だけに使う「天皇《すめらみこと》」という名称を使うようになりました。その結果、日本では中国のような易姓革命（王室が天命にそむき失政が続けば、天はその地位を奪い、他の者を天子とするという思想）が理論的に不可能になったと言われます

（吉野裕子『陰陽五行と日本の天皇』人文書院）。さらに、天武天皇は、天皇と皇室の権威の正統性を確立するために道教の世界観によって記紀神話（古事記、日本書紀）を編纂しました。

以上のことからわかることは、天武天皇の下で道教的世界観がヤマト王権と皇室神道に導入されたことによって、祭司王としての歴史的天皇は、単に稲の豊作を神に祈る祭司王であるだけでなく、天を支配する神の子孫であるという超越的政治支配の概念が統合された存在になっていったということです。だからこそ、室町幕府の下での南北朝の対立時代、天皇は皇室祭祀すらできなくなるぐらい、その宗教的権威が低下したにもかかわらず、武家支配の正統性を承認する権威者としての地位を一貫して保持し続け、戦国時代以降、織田、豊臣の国家統一から徳川幕府へと至る過程で、再びその権威を回復していくことができたと考えられます。

政治学者の宮田光雄氏は、日本の歴史的天皇制の本質を次のように述べています。

「現人神としての天皇のもつ古代宗教的な魅力が、日本の古代国家の確立期に、社会集団の対立を超えた一個の政治的統合力として機能してきた秘密なのである。それ以後、天皇は政治上の機能から疎外された時期においても貴族層や武士団の尊敬の念を逆用することによって、支配の正当性を確証する地位を一貫して保ちつづけることができた。それが皇祖皇宗いらい《万世一系》の伝統的＝宗教的権威として讃美されてきたわけである。こうして、みずから神としての権威を継承する天皇の地位は、基本的には古代オリエント型の政治宗教に類似している。それは、政治と宗教の権威を二元的に峻別するヨーロッパ型王権の伝統からは区別される。」

（宮田光雄『日本の政治宗教』朝日新聞社、七頁）

歴史的天皇制の本質が、「政治宗教」であったからこそ、世俗の権力者にとって天皇は利用価値があったと言えます。

## ◆国家神道体制（国体）の下での「絶対主義的天皇制」

### ①国家神道とは何か

国家神道とは、神社神道と皇室神道を結合しつつ、歴史的天皇制を国民統合の精神的支柱とする一種の国家宗教であり、その下で天皇は現人神として神聖不可侵の絶対主義的性格を付与されました。こうした国家神道は大日本帝国憲法の下で制度化され、国体として国民に強制されました。大日本帝国憲法は、一八八九年（明治二二年）二月一一日に発布され、一八九〇年（明治二三年）一一月二九日に施行された憲法。そこでは、第一条「大日本帝国ハ万世一系ノ天皇之ヲ統治ス」、第三条「天皇ハ神聖ニシテ侵スヘカラス」と定められるなど、天皇を神とする国体の教義が前提となっています。

こうした天皇を現人神とする国家神道体制の狙いを一八八八年六月、枢密院の帝国憲法草案審議において、伊藤博文は次のように述べています。

「佛教は一たび隆盛の勢いを張り上下の人心を繋ぎたるも、今日に至ては已《すで》に衰替《たい》に傾きたり。神道は祖宗の遺訓に基き之を祖述すとは雖《いえど》も、宗教として人心を帰向せしむるの力に乏し。我国に在て機軸とすべきは独り皇室にあるのみ。是を以て此憲法草案に於ては専ら意を此点に用い、君権を尊重して成る可く之を束縛せざらんことを勉めたり。」

（『枢密院会議筆録』「憲法草案枢密院会議筆記第一審会議第一読会における伊藤博文枢密院議長の演説」一八八八（明治二一）年六月一八日）

つまり、伊藤博文は日本が近代国家として憲法政治を行っていくためには、西欧の憲法政治の背後にあるキリスト教のような国家の内面的機軸が必要であり、日本ではキリスト教に代わり得る内面的、宗教的機軸は皇室であると主張したのです。したがって、伊藤を中心に明治政府は、皇室神道の宗教性を基軸とした国家を形成するために、大日本帝国憲法の下、天皇を現人神とし、皇室を神聖化する国家神道体制を強力に推し進めていきました。それが、いわゆる「国体」思想です（丸山真男『日本の思想』岩波新書、二八〜三一頁）。

## ②国家神道の宣教手段

### 教育勅語

教育勅語は、国体の教義を成文化したものであり、臣民に対する教育の基本原理を示した文書として、その謄本《とうほん》が各学校に下賜《かし》された。

### 御真影

宮内省は、全国の小学校に御真影の下賜を開始した。御真影とは天皇皇后の写真のことである。小学校の多くは、奉安殿と呼ばれる建物を作り、御真影と教育勅語の謄本をそこに奉安した。

### 軍人勅諭

天皇が統帥権を保持することを示し、「下級の者が上官の命令を承ること、実は直ちに朕が命令を承ることと心得よ」と言い渡し、続けて、軍人に忠節・礼儀・武勇・信義・質素の五つの徳目を説いた文書。

### 創建神社

国家神道に基づく多数の神社。創建神社は、(1)戦没者を祀る神社、(2)南北朝時代の南朝の忠臣を祀る神社、(3)天皇や皇族を祀る神社、(4)植民地や占領地に創建された神社という四つの系統に分類することができる。

（島薗進『国家神道と日本人』岩波新書、一四六～一五五頁、村上重良『国家神道』岩波新書、一八二～一九五頁参照）

## ◆神道指令と日本国憲法による国家神道の解体

### ①神道指令

一九四五年（昭和二〇年）一二月一五日、ＧＨＱは、「国家神道、神社神道ニ対スル政府ノ保証、支援、保全、監督並ニ弘布ノ廃止ニ関スル件」という指令（通常、「神道指令」と呼ばれる）を日本政府に対して発令しました。神道指令の目的は、国家と宗教との分離、すなわち政教分離を実現することにありました。神道指令は、その目的を実現するために、神道に対する公の機関による支援などの禁止、神道や神社に対する公の財源による援助の停止、神祇院の廃止、神道の研究や神官の養成などを目的とする公の教育機関の廃止、公の教育機関で使われる教科書からの神道教義の削除、『国体の本義』などの頒布の禁止などを具体的に命じました。

### ②日本国憲法における象徴天皇制と政教分離規定

**象徴天皇制**

一九四六年一一月三日、日本政府は大日本帝国憲法第七三条の規定に基づいて憲法を改正するという内容の勅語とともに、日本国憲法を公布し、翌年の五月三日にそれを施行しました。日本国憲法においては、天皇は、「日本国の象徴であり日本国民統合の象徴」（憲法第一条）であり、「国政に関する権能を有しない」（憲法第四条）と定められました。

**政教分離規定**

**憲法第二〇条一** 信教の自由は、何人に対してもこれを保障する。いかなる宗教団体も、国から特権を受け、又は政治上の権力を行使してはならない。

**三** 国及びその機関は、宗教教育その他いかなる宗教的活動もしてはならない。

**第八九条** 公金その他の公の財産は、宗教上の組織若しくは団体の使用、便宜若しくは維持のため、……これを支出し、又はその利用に供してはならない。

### ◆憲法的存在としての天皇の本質的変化

戦後、日本国憲法の制定により、憲法上の天皇は、戦前の明治憲法下の天皇とは全く別の制度、存在となりました。もちろん現実には戦前も、戦後も同じ皇室があって、その皇室の皇位継承者が天皇になっています。ですから、私たちは戦前も、戦後も何か同じ天皇制が継続しているかのように錯覚してしまいます。しかし、皇室神道の祭司という私的な存在としては同じですが、憲法上の公的存在としての天皇は、同じではないということを知る必要があります。したがって、戦前の昭和天皇の在位と、戦後の昭和天皇の在位を単純に合計して、天皇在位何年と言うことは、公的な意味での天皇の在位という点から言うと間違っているのです（横田耕一『憲法と天皇制』八頁）。

一九八六年に政府は、「天皇在位六十年記念式典」という公的な行事を行いました。しかし、以上のような理由からそれは非常に問題のある行為だということがわかります。私たちは、まず、象徴天皇という存在は、日本国憲法下において、本来どのような存在なのかという認識を正しく持つことが重要なのです。

## ◆象徴天皇制と皇室祭祀の問題

### ①歴史的天皇の宗教性が象徴に入り込む問題（皇位の世襲の問題）

見てきたように、「天皇」「天皇制」と言ったとき、私たちは日本国憲法上の「象徴天皇」と、皇室神道の祭司である「歴史的天皇」とを原理的に区別する必要があります。しかし、日本国憲法第二条は、第一四条（法の下の平等と華族・貴族制度の廃止）の例外として、「皇位の世襲」を規定しているため、皇室神道の祭司である歴史的天皇（皇室）の存在が憲法上保証され、その歴史的天皇が、常に憲法上の象徴天皇を兼ねることになってしまう。そうなると、憲法上の天皇は単なる象徴であっても、そこには「象徴天皇制」を「歴史的天皇制」から解釈しようとする強い力が常に働くことになります。

実際に政府は「皇位の世襲」を根拠に皇族を特別扱いし、大嘗祭のような皇室の私的な宗教儀式をも、「皇位の世襲制をとる我が国の憲法の下においては、その儀式について国としても深い関心を持ち、その挙行を可能とする手だてを講ずることは当然と考えられる。その意味において、大嘗祭は、公的性格があり、大嘗祭の費用を宮廷費から支出することが相当であると考える」（一九八九年一二月二一日、閣議口頭了解）と強引に理由付けを行い、公費（宮廷費）から大嘗祭関連費用が支出されました。今回も政府は前回を踏襲し、二〇一九年一一月一四、一五日にかけて行われる予定の大嘗祭に多額の公費を支出することを決めています。

### ②神道指令をすり抜けた皇室祭祀

ＧＨＱの神道指令によって国家と神社との結合はほぼ解体され、靖国神社も伊勢神宮も民間の宗教法人として活動するしかなくなりました。しかし、国家神道の中核にあったのは神社というよりも皇室神道、皇室祭祀でした。それにもかかわらず、それらは解体されず維持されたのです。それゆえに、皇室神道と国家との結びつきによって、再び国家神道を復活させようとする力が国家の側からも、民間の側からも強まっています（島薗進『国家神道と日本人』岩波新書）。

天皇代替わりに伴う皇室神道儀式を国事行為や公的儀式として、国費が投入される現実、国民全体に祝賀を強要する状況はまさに国家の側からの国家神道復活の動きです。その一方、神社本庁や明治神宮、伊勢神宮、靖国神社などを中心とする日本会議による憲法改悪（明治憲法復元）の動きや、教育分野におけるさまざまな右翼的政策の要求運動は、民間の側からの国家神道復活を目指す動きであると言えます（中島岳志・島薗進『愛国と信仰の構造』集英社新書、一二三八〜一二四〇頁）。

## 三　教会として天皇制にどう向き合うのか

以上見てきたように、旧日本（国家神道体制）へと回帰しようとする極右的な力が強くなっている中で、私たちが信教の自由や政教分離を守っていくためには、天皇代替わりの問題だけでなく、天皇制の問題とも正面から向き合い、闘っていかなければなりません。そのために教会とキリスト者がなすべきことを最後に三つの点から考えたいと思います。

### ◆信教の自由・政教分離を守るための闘い

私たちは何よりも、今回の天皇代替わりにおいて、皇室神道の儀式が国事行為として行われたり、それに公費が支出されたりすることによって、政教分離や国民主権の原理が侵されないよう、しっかりと見張りの務めを果たしていかねばなりません。

約三十年前の一九八九～一九九〇年にかけて行われた裕仁天皇死去に伴う天皇代替わりにおいては、多くのキリスト教会が声明文を出して抗議しました。また、大嘗祭への公費支出の問題については、日本キリスト教協議会（NCC）内に設置された大嘗祭問題署名運動センターの活動に多くの教派が協力し、署名運動にも取り組みました。今回も多くの教派から声明文・抗議声明が出されていますが、三十年前のような教派を超えた連帯・協力の動きは残念ながらありません。問題は何も解決されていないのに、いやむしろ状況は深刻化しているのに、教会とキリスト者のこの問題に対する関心や取り組みが弱くなっています。したがって、私たちはもう一度何が問題であるのかという原点をしっかりと把握し、学びつつ、諦めずに抗議の声を上げ続けていく必要があります。

また、これは従来からなされていることですが、政教分離原則に違反する為政者たちの靖国神社参拝、伊勢神宮参拝に対しても反対の声を上げていく必要があります。靖国神社参拝に対しては、これまでも多くの教派から抗議声明が出されてきましたが、首相や閣僚の伊勢神宮参拝に対しては、一部の教団・教派を除いてあまり抗議がなされてきませんでした。

けれども、伊勢神宮は皇室の祖先とされる天照大神を祀る神社であり、戦前・戦時下において靖国神社と同様、国家神道の中心施設でした。首相・閣僚たちの靖国神社参拝、伊勢神宮参拝は再び国家と神道を結び付けようとする行為であり、私たちはこれらに対しても強く反対の意を表していくことが必要です。

また、自民党は二〇一二年一〇月に自民党改憲草案を発表しました。それによる憲法前文で日本は「天皇を戴く国家」であるとの記述がされ、第一章では天皇は「日本国の元首」であると規定され、憲法尊重擁護義務から天皇を外すなど、まさに天皇制国家への回帰が打ち出されています。そして、憲法二〇条の政教分離規定も、「社会的儀礼又は習俗行為の範囲を超えないものについては、この限りでない」との文言が加えられ、事実上、社会的儀礼という名目で国家が神道儀式や皇室祭祀を行うことができるようにしています。したがって、私たちは、改憲を狙う動きに対しても、しっかりと見張り、預言者としての働きをしていく必要があります（教会の預言者的使命）。

### ◆天皇制・神道を相対化させる取り組み

日本では、宗教は私的なこと、私事のように扱われてきた現実があります。その反面、神道だけは公的、社会的なものであると意識があります。そのことは、社員個々人の信仰とは無関係に、多くの企業が地鎮祭を行ったり、企業や役所の中に神棚が飾られている場合が多いことからもわかります。

けれども、神道以外の宗教を「私事」として理解する考えこそが、結果的にあたかも神道のみが、公的、社会的な宗教であるかのように見なす風潮を生み出すのです。そのことが国家によって強調され、強制されたのが、戦前の天皇を現人神とする国家神道体制です。したがって、私たちは、日本の国が再び神道的ナショナリズムに基づく、国家神道体制へと回帰していくことを防ぐためにも、すべての宗教には社会的責任と意義があることを自覚し、宗教の「私事化」から脱却する必要があります。

特に聖書に基づくキリスト教信仰は、父なる神による天地万物の創造を信じ、そのひとり子であるイエス・キリストの十字架と復活による万物の和解（世界の贖い）を信じ、聖霊による創造の回復・完成（終末的神の国の完成）を信じる信仰です。そして、教会は、この世界における創造の回復と完成、神の国の進展のために奉仕する共同体であり、教会が宣教する福音は、世界的、宇宙的な広がりと意義を持った福音です（A・カイパー『カルヴィニズム』聖山社、一九四頁）。

したがって、教会は単に個人の救霊のための召しにとどまらず、創造の回復と完成という社会的召しをも神から委託されていることを自覚し、社会的使命を果たしていかなければなりません。そのためにも、キリスト教会は、他宗教とも積極的に協力して、信教の自由、政教分離の問題にとどまらず、平和の問題や人権の問題、命の尊厳の問題など、積極的に市民的、社会的責任を果たしていくことが大切だと思います。

東日本大震災の後、さまざまな宗教が被災地支援のために積極的に愛の奉仕を行いました。今も継続して行っている教派やキリスト教系の団体も多くあります。しかし、東日本大震災だけでなく、教会は社会の中のさまざまな現実に対して、特にこの世界の最も小さな者の一人のために愛をもって仕え、平和を実現していく使命があります。それが教会のディアコニアの使命（教会の王的使命）です。

## ◆皇室（天皇制）の民営化を進める

先に見たように皇室神道、皇室の宮廷祭祀は、神道指令を潜り抜け、現在も国家との結びつきの中で存在しています。そして、皇室神道の祭司であり、「神」である天皇が、「皇位の世襲」という憲法第二条の規定によって、憲法上の象徴という公的存在を兼ねてしまっています。ここに、象徴天皇制の最大の問題があります。

そして現実は、象徴天皇制の下で、象徴にすぎない天皇の「神聖化」が絶えず生まれています。したがって、「いかに憲法で規定されているとはいえ、『象徴としての天皇』の存在を認めている限り、われわれは天皇を『単なる象徴』に留めておくことは出来ないのではないか」

（塚田理『象徴天皇制とキリスト教』新教新書、一六九頁）という指摘は正しいと思います。私たちは将来的には、皇室と皇室神道を民営化し、一宗教法人として存続させる方向へと舵を切っていく必要があると思います。

たまに教会で、「天皇のためにも祝福を祈るべきではないか」という質問をなさる方がいます。しかし、天皇個人の人格がどんなに尊敬できたとしても、天皇には皇室神道の大祭司であり、祀られる「神」としての裏の顔があります。そうである以上、「天皇」の祝福を祈るということは、異教の大祭司のために祈る、皇室神道の「神」の祝福を祈るということになってしまいます。それは、「あなたは、わたし以外に、ほかの神があってはならない」（出エジプト二〇・三）という御言葉に反します。ですから、教会は「天皇」の祝福のために祈ることをしてはいけません。

しかし、それでも唯一「天皇」（明仁さんと言ったほうがよいかもしれません）のために祈るとするならば、「天皇」が「天皇」でなくなることを祈ることです。つまり、天皇が異教の「祭司」であり、「神」である存在を捨てて、一人の人間になり、天地万物の創造者である三位一体の神の下に罪を悔い改め、救われるようになることを祈るべきでしょう。そういう意味で、「天皇制」がなくなるとき、本当の意味で天皇は救われるのでしょう。

天皇であっても、皇室の人間であっても、「神のかたち」に作られた人間であり、贖いを必要とする罪人であることには変わりがありません。そうである以上、天皇や皇室の人々が「天皇制」の呪縛から解放され、神のかたちとして創造された一人の人間としての自由や尊厳が回復されるように祈り、行動することこそ、クリスチャンの責任ではないでしょうか。

天皇を神格化し、象徴天皇制を国家神道体制に戻そうとする動きに抵抗するだけでなく、将来は皇室の民営化（公的制度としての象徴天皇制の廃止）を目指して、祈り、働いていくことこそ、天皇制の問題に対する教会の祭司的使命であると思います。

「主はあなたに告げられた。
人よ、何が良いことなのか、
主があなたに何を求めておられるのかを。
それは、ただ公正を行い、誠実を愛し、
へりくだって、
あなたの神とともに歩むことではないか。」
（ミカ六・八）

**朝岡勝（あさおか・まさる）**

1968年、茨城県生まれ。東京基督教短期大学、神戸改革派神学校卒業。日本同盟基督教団徳丸町キリスト教会牧師。

著書に『〈あの日〉以後を生きる――走りつつ、悩みつつ、祈りつつ』、『ニカイア信条を読む――信じ、告白し、待ち望む』、『ハイデルベルク信仰問答を読む――キリストのものとされて生きる』、『増補改訂「バルメン宣言」を読む――告白に生きる信仰』『剣を鋤に、槍を鎌に――キリスト者として憲法を考える』(以上、いのちのことば社)、『教会に生きる喜び――牧師と信徒のための教会論入門』(教文館)ほか。

**星出卓也（ほしで・たくや）**

1966年、埼玉県生まれ。東京基督神学校卒業。日本長老教会西武柳沢キリスト教会牧師。

「政教分離の侵害を監視する全国会議」事務局長、日本キリスト教協議会靖国神社問題委員会委員長。

共著に『秘密保護法と日本の教会』(いのちのことば社)がある。

**弓矢健児（ゆみや・けんじ）**

1962年、岐阜県生まれ。中央大学卒業。1985〜1996年、(株)十六銀行勤務。2000年、神戸改革派神学校卒業。日本キリスト改革派千里山教会牧師などを経て、現在、日本キリスト改革派西神教会牧師。

神戸改革派神学校非常勤講師(キリスト教倫理学)、同教派の大会宣教と社会問題に関する委員会委員長。

共著に『世の光となる教会をめざして』、『「日の丸・君が代」問題を考えるシンポジウム――教会は「日の丸・君が代」強制の問題といかに向き合うべきか』(以上、一麦出版社)がある。

## 著者略歴

### 山口陽一（やまぐち・よういち）

1958年、群馬県生まれ。金沢大学、東京基督神学校、立教大学大学院（修士）。東京基督教大学長。

1985～2003年日本同盟基督教団と日本基督教教団で牧師、2004～2011年東京基督神学校校長、2005年から日本同盟基督教団正教師、2011年から東京基督教大学教授（日本キリスト教史、実践神学）、大学院神学研究科委員長を経て、2018年から現職。

### 城倉啓（じょうくら・けい）

1969年、東京都生まれ。西南学院大学神学部専攻科修了。その後、日本バプテスト連盟松本蟻ケ崎キリスト教会牧師となる。1999年、米国マーサー大学マカフィー神学院留学（修士号）。現在、日本バプテスト連盟泉バプテスト教会牧師。

日本バプテスト連盟「憲法改悪を許さない私たちの共同アクション」担当者会委員長、「公正・平等な選挙改革にとりくむプロジェクト」事務局長。

### 柴田智悦（しばた・ちえつ）

1962年、千葉県生まれ。東京基督神学校卒業後、日本同盟基督教団横浜上野町教会牧師。

日本同盟基督教団「教会と国家」委員長、JEA日本伝道会議「教会と『国家』プロジェクト」リーダー、NCC靖国神社問題委員会常任、朱基徹牧師記念の集い委員、信州夏期宣教講座世話人、「本牧・山手九条の会」代表世話人、神奈川宗教者平和協議会副代表世話人。

キリスト者から見る〈天皇の代替わり〉

2019年5月1日　発行
2019年6月20日　再刷

編　者　「教会と政治」フォーラム

印刷製本　シナノ印刷株式会社

発　行　いのちのことば社
〒164-0001 東京都中野区中野2-1-5
電話 03-5341-6923（編集）
03-5341-6920（営業）
FAX03-5341-6921
e-mail:support@wlpm.or.jp
http://www.wlpm.or.jp/


ISBN 978-4-264-04047-7